Gabriele Franke

Französische Grammatik üben 7. Schuljahr

MANZ VERLAG

3. Auflage 2006
Manz Verlag

Lektorat: Harald Kotlarz, Rottenburg
Umschlaggestaltung: Werkstatt München: Weiss/Zembsch, München
Illustrationen: Sven Palmowski, Stuttgart
Druck: Finidr s.r.o.

ISBN 10: 3-7863-2410-7
ISBN 13: 978-3-7863-2410-2

Tipps zum Training mit diesem Buch

Alle Grammatikthemen des 7. Schuljahres für Französisch als zweite Fremdsprache können hier gründlich wiederholt und trainiert werden. Mit Caroline, Sebastian, Philippe und Julie machen wir uns auf die Suche nach dem geheimnisvollen M. Réverbère und trainieren dabei kräftig Grammatik. Auch wenn sich diese Rahmenhandlung durch das gesamte Buch fortsetzt und es in dem „Paris-Mensch-ärgere-dich-nicht" Spiel schließlich zum großen Showdown kommt, so kann doch jedes Kapitel gezielt für sich zum Training eingesetzt werden.

Die wichtigsten Informationen zu einer grammatischen Form sind im so genannten „Spicker" zusammengefasst. Man findet sie immer am Anfang einer Übungseinheit. Beispiele veranschaulichen zudem, wie die Form zu verwenden ist. Und dann kann ausgiebig trainiert werden. Vielfältige und zumeist spielerisch angelegte Übungen und zahlreiche Illustrationen lassen den Spaß an der Sache nicht zu kurz kommen, auch wenn das eigentliche Ziel – die sichere Beherrschung der Grammatik – dabei nie aus den Augen gelassen wird. Zu allen Übungen gibt es die Lösungen im Anhang.

Da die meisten Übungen im Buch bearbeitet werden können, braucht ihr nur noch etwas zum Schreiben und etwa fünfzehn oder zwanzig Minuten Zeit pro Tag, dann seid ihr fit für jede Klassenarbeit.

Bessere Noten wünschen euch Autorin und Verlag!

Inhalt

A Die Artikel und Nomen im Singular und im Plural

1 Der unbestimmte und der bestimmte Artikel im Singular

Das wirst du am Anfang deines Französischunterrichts in der Schule auch schon ab und zu gedacht haben. Heißt es nun „der", „die" oder „das" Baguette; „ein", „einer" oder „eines"?

Ja, das ist eine gute Frage. Wie du im Unterricht sicher schnell gemerkt hast, geht im Französischen ohne den richtigen Artikel gar nichts. Und es gibt nur eine Methode, die Artikel richtig zu setzen, und die heißt: bei jedem Nomen den passenden Artikel immer gleich mitlernen.

Während wir im Deutschen drei Artikel haben (der – die – das), gibt es im Französischen nur männliche (maskuline) und weibliche (feminine) Artikel – und die Geschlechter stimmen in den beiden Sprachen häufig nicht überein.

Beispiel:	*un*	*appartement*	**eine**	Wohnung
	une	*chambre*	**ein**	Zimmer

Unsere **Spicker** zeigen dir immer auf einen Blick, welche Informationen du im Kopf haben musst:

> **Die unbestimmten Artikel im Singular:**
>
> **männliche Form:** *un*
> **weibliche Form:** *une*

Sebastian aus Frankfurt zieht mit seinen Eltern nach Frankreich. Was ist für ihn und seine Familie in Paris neu?

1. **Setze den passenden unbestimmten Artikel vor das Nomen.**

Beispiel: *une* ville eine Stadt

____ rue	eine Straße	____ salle de bains	ein Badezimmer
____ maison	ein Haus	____ salle de séjour	ein Wohnzimmer
____ appartement	eine Wohnung	____ salle à manger	ein Esszimmer
____ cuisine	eine Küche	____ carton	ein Paket
____ chambre	ein Zimmer	____ BD	ein Comic
____ lit	ein Bett	____ ordinateur	ein Computer

2. **Sebastian telefoniert mit seinem neuen Klassenkameraden Philippe. Die Verbindung ist ziemlich schlecht. Wen oder was hat Sebastian schon kennen gelernt? Setze den unbestimmten Artikel ein.**

Allô, Philippe, allô, crrrr... ____ voisin, crrrr... ____ voisine , ____ magasin, ____ hôtel, crrrr... ____ épicerie, crrrr... ____ boulangerie, ____ chien, crrrr... ____ restaurant, ____ souris, ____ perroquet, crrrr... ____ skateboard, crrrr... .

3. **Versteckt sind acht Begriffe, die du jetzt schon kennst. Umrande die Wörter, die du waagerecht, senkrecht oder diagonal entdeckst, und schreibe sie in die Liste; die Substantive bitte immer zusammen mit ihrem unbestimmten Artikel.**

V	O	I	S	I	N	E	A	X	P
N	I	N	P	E	M	H	Y	E	T
B	E	S	I	B	D	I	R	T	E
A	Q	T	E	F	A	R	E	I	E
G	I	A	P	R	O	E	G	Q	A
U	L	L	O	Q	E	P	S	U	S
E	S	L	U	O	A	A	G	E	R
T	R	E	D	U	R	U	E	T	N
T	T	R	A	E	P	I	L	T	X
E	U	C	U	I	S	I	N	E	V

1. ______________________
2. ______________________
3. ______________________
4. ______________________
5. ______________________
6. ______________________
7. ______________________
8. ______________________

Hier ist der **Spicker** für den bestimmten Artikel:

Die bestimmten Artikel im Singular:

männliche Form: *le*
weibliche Form: *la*
Sonderform vor Vokal: *l'*

4. **Sebastian und Philippe packen gemeinsam Umzugskisten aus. Philippe holt die Gegenstände heraus, Sebastian erklärt, was es genau ist. Setze jeweils den bestimmten Artikel in die Lücke.**

Beispiel: Philippe:	Sebastian:
Voilà un skateboard.	Ah, c'est _*le*_ skateboard de Caroline.
Voilà un ordinateur.	Ah, c'est _____ ordinateur de papa.
Voilà un livre.	Ah, c'est _____ livre de maman.
Voilà une souris.	Ah, c'est _____ souris de Caroline.
Voilà une étagère.	Ah, c'est _____ étagère de papa.
Voilà un ballon.	Ah, c'est _____ ballon de Caroline.

5. **Suche jeweils drei Begriffe, die zusammenpassen, und schreibe sie mit dem bestimmten Artikel in die Zeilen unter der Zeichnung.**

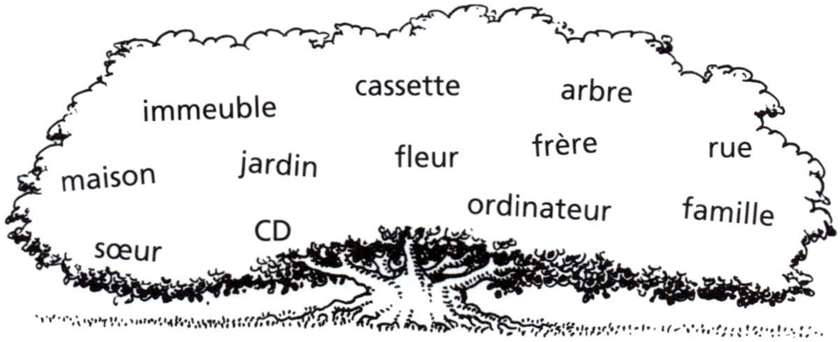

Beispiel:

l'arbre	*la fleur*	*le*
____________	____________	____________
____________	____________	____________
____________	____________	____________

Ein Missgeschick am nächsten Tag:

6. Setze jeweils den unbestimmten oder den bestimmten Artikel in die Minigeschichte ein. Achte dabei genau auf den Sinn des Satzes, dann machst du bestimmt keinen Fehler.

Aujourd'hui, c'est _____ marché dans _____ quartier. Sebastian est là. Philippe arrive avec _____ skateboard. Il aime beaucoup _____ place St.-Louise. _____ commerçante, Madame Morel, regarde _____ garçon.

_____ inspecteur de police, monsieur Fiffi, est là aussi. Il cherche _____ fleur pour Madame Fiffi.

Tout à coup (= plötzlich), Madame Morel crie: «Attention, Philippe!» Mais Phil ne fait pas attention. Boum! Il tombe et _____ stand de Madame Morel aussi.

_____ marchande crie: «Une catastrophe!»

Philippe: «Oh, oh!»

2 Der bestimmte und der unbestimmte Artikel im Plural

Wir fangen mit dem bestimmten Artikel an. Hier musst du an zwei Dinge denken:

> **Der bestimmte Artikel im Plural heißt immer: *les***

Und wie bildest du den Plural der Nomen?
Schau auf den Spicker.

> **normalerweise: Nomen + Plural-s**
> **aber:**
> **Wörter, die auf -s oder -x enden, bleiben unverändert!**

Beispiele:	*le restaurant*	→	*le**s** restaurant**s***
aber:	*le pri**x***	→	*le**s** pri**x***

Also auf zum Üben! Nach dem Skateboard-Unfall:

7. **Sieh dir an, was Mme Morel in dem entstandenen Durcheinander alles sucht und was M. Fiffi und die Kinder alles finden. Setze immer das am Rand angegebene Nomen in den Plural.**

Pour Mme Morel, c'est le choc. Le stand? C'est la catastrophe! La marchande cherche.

Mme Morel:	Où sont ______________________ ?	**(la banane)**
M. Fiffi:	______________________ sont dans le carton avec les légumes. Et Madame, voilà ______________________.	**(la banane)** **(la pomme)** (= Apfel)
Mme Morel:	Mais je cherche aussi ______________________ pour Mme Fiffi!	**(la fleur)**
Sebastian:	Oh, Madame, elles sont sous ______________ .	**(la boîte)**
Philippe:	Pardon, Madame, vous cherchez aussi ________ ______________ ?	**(la nectarine)**
Sebastian:	Oh, ______________________ sont ici avec ______________________ .	**(le fruit)** **(le citron)**
Mme Morel:	Et où sont ______________________ ?	**(la baguette)**
M. Fiffi:	Oh! Non! Regardez, ______________________ sont sous le skateboard!	**(la baguette)**

Was ist zu tun? Die Kinder versprechen Mme Morel, ihr zwei Wochen lang abends nach der Schule zu helfen, um den von Philippe angerichteten Schaden wieder gutzumachen.

Am Spätnachmittag. Die Kinder kaufen für Mme Schneider ein. Was machen sie sonst noch?

8. Setze jeweils den bestimmten Artikel im Singular oder im Plural ein, je nach Bedeutung des Satzes, und schreibe in die Kästchen am Rande die entsprechende Zahl: *la* = 1, *le* = 2, *les* = 3; wenn du richtig gearbeitet hast, ist die Summe aller Zahlen 30.

Dans ___ rue, ___ enfants écoutent un groupe de musique pop. ___ ___

Dans un magasin de vêtements, ils regardent ___ jeans. ___

Puis, ils entrent dans un café. C'est ___ café de l'Opéra. ___

Là, Sebastian et Philippe bavardent avec ___ copains de l'école. ___

Sur le marché, ___ garçons jouent avec ___ ballon de Philippe. (Mais ils font attention!) ___ ___

___ filles de ___ rue La Fayette sont là aussi. Caroline ___ ___

et Julie entrent dans ___ parfumerie de Mme Dior: ___

___ parfums sont très chers*. ___

Et que fait ___ petit Björn? Il est dans ___ boucherie ___ ___

et joue avec ___ chien de M. Bernard. ___

Summe: 30

* *cher* = teuer

Am Wochenende macht Familie Schneider einen Ausflug in den Bois de Boulogne. Ein Taschendieb stiehlt Mme Schneiders Handtasche und rennt weg.

9. **Zerteile die Wörterschlange, die im Pariser Triumphbogen versteckt ist, in die einzelnen Wörter und notiere die ersten Buchstaben der Substantive. Dann erhältst du als Lösungswort den Ort, an dem Inspektor Fiffi den Taschendieb verhaftet. Viel Spaß bei der Suche!**

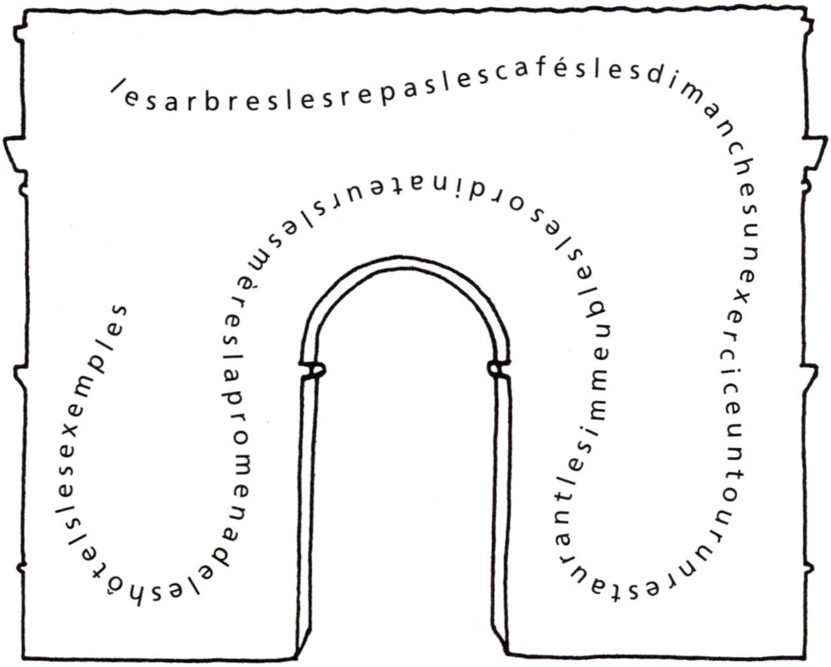

Folgende Begriffe sind hier versteckt:

____

____

____

Inspektor Fiffi verhaftet den Taschendieb auf dem:

_ _ _   _ _   _ _ _ _ _ _ _ _

Und nun zum Schluss ein kleiner

Tipp

aimer steht immer mit dem bestimmten Artikel.

Du siehst, die französischen Artikel sind wirklich ganz einfach. Daher machen wir uns gleich auf zum letzten, dem unbestimmten Artikel im Plural.

Der unbestimmte Artikel im Plural ist immer:
des
Im Französischen setzt du den unbestimmten Artikel im Plural immer, wenn du mit Dingen im Plural zu tun hast, aber nicht weißt, wie viele es genau sind.

Das folgende Beispiel zeigt dir den Unterschied zum Deutschen:

L'inspecteur pose ***des*** *questions.*

Der Inspektor stellt ____ Fragen.

Du siehst also: Im Deutschen gibt es keinen unbestimmten Artikel im Plural.

Ein Geburtstagsgeschenk. Julie wird heute 8 Jahre alt. Die Freunde suchen nach Geschenken und machen Vorschläge.

10. Setze alle Vorschläge in den Plural.

a) une fleur → *des fleurs*

b) une BD → ____________

c) une souris → ____________

d) une promenade sur la Seine à Paris → ____________

e) un repas au restaurant «La Tour Eiffel» → ____________

f) une promenade à Fontainebleau → ____________

Caroline entscheidet und wählt die gemeinsame Bootsfahrt auf der Seine. Danach bereitet sie noch alles für ein Picknick auf der Wiese vor dem Eiffelturm vor.

11. Caroline packt ein: Schreibe unter jede Zeichnung, was du siehst, und packe die Dinge anschließend in den Picknickkoffer.

Nun können wir zum Schluss des Kapitels alle Artikel in einen Sack werfen und du wirst sicher in den folgenden gemischten Übungen jeweils den richtigen herausziehen.

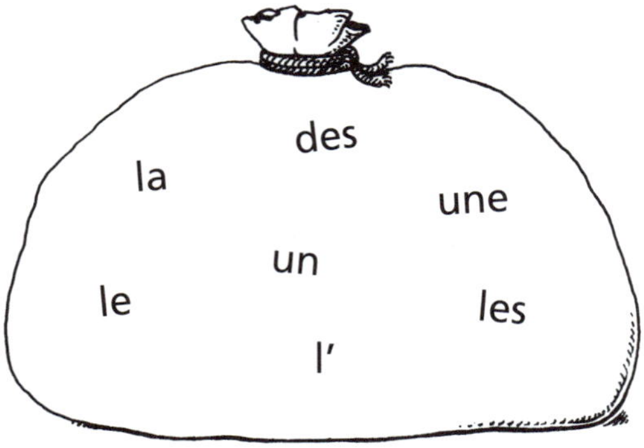

12. Setze die unbestimmten und bestimmten Artikel ein, je nach Bedeutung des Satzes.

Eines Abends finden die Freunde im Keller alte Sachen von M. Réverbère, dem jungen Mann, der bislang in der Wohnung nebenan gewohnt hatte und vor ein paar Monaten spurlos verschwunden war. Inspektor Fiffi sucht ihn seitdem vergebens und hat nicht einmal eine Spur.

Caroline: Ah, regardez, là-bas, il y a ______ cartons.

Sebastian: Ah, oui, ce sont ______ cartons de M. Réverbère.

Philippe: Et dans ______ cartons, qu'est-ce qu'il y a?

Caroline: Il y a ______ cassettes vidéo.

Sebastian: Ce sont ______ cassettes vidéo de ______ famille Réverbère.

Philippe: Regardez! Sur _____ étagère, qu'est-ce que c'est?

Plötzlich hören sie ein merkwürdiges Geräusch. Caroline erschrickt, Sebastian und Philippe schauen ganz irritiert. Im hintersten Teil des Kellers sehen sie ...

13. Setze die unbestimmten und bestimmten Artikel ein, je nach Bedeutung des Satzes.

Sebastian: Regardez, regardez, là-bas, ______ souris.

Caroline: Oui, et ______ souris mangent ______ lettre*

de monsieur Réverbère!

* *la lettre* = der Brief

Vorsichtig ziehen die Kinder eine Diskette und einen nassen Zettel aus dem Briefumschlag, auf dem steht:

> Aidez-moi, ils ont découvert mon jeu.*

* Helft mir, sie haben mein Spiel entdeckt!

B Die regelmäßigen Verben auf -er

1 Die Verbformen

Tja, ohne Verb ist im Satz nichts los. Deshalb schnell einen Blick auf den Spicker mit den Verbendungen der regelmäßigen Verben auf *-er* und dann auf zum Verbtraining!

> **Endungen der Verben auf *-er*:**
> -e, -es, -e, -ons, -ez, -ent

Beispiel:

	jouer
je	jou-e
tu	jou-es
il, elle	jou-e
nous	jou-ons
vous	jou-ez
ils, elles	jou-ent

	spielen
ich	spiel-e
du	spiel-st
er, sie, es	spiel-t
wir	spiel-en
ihr	spiel-t
sie	spiel-en

1. Trage die Verbformen vollständig in die Spalten ein.

		travailler	écouter*
	1. Person:	______________	______________
Singular:	2. Person:	______________	______________
	3. Person:	______________	______________

	1. Person:	______________	______________
Plural:	2. Person:	______________	______________
	3. Person:	______________	______________

*Beginnt das Verb mit einem **Vokal** oder stummem **h-,** so wird ***je*** zu ***j'*** ; bei ***tu*** gibt es das allerdings **nie**.

Tipp

2. Und nun aufgepasst. Welcher „Verbwurm" hat sich hier in der Schnecke von Paris versteckt? Das Personalpronomen (*je, tu, ...*) und die Verbform stehen immer nebeneinander. Trenne die Formen durch Längsstriche und schreibe sie dann in die Verbliste.

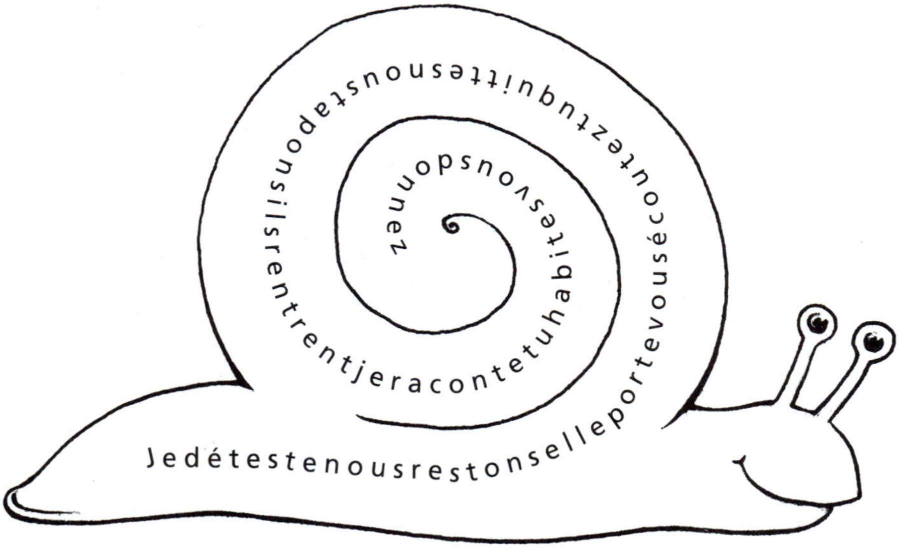

Hast du alle Formen gefunden? Zehn müssen es sein; beginne mit der Form im Schwanz der Schnecke:

a) ______________	f) ______________
b) ______________	g) ______________
c) ______________	h) ______________
d) ______________	i) ______________
e) ______________	j) ______________

3. **Wenn du systematisch üben willst, zeichne eine Verbtabelle und trage die fehlenden Formen ein:**

habiter	trouver	entrer	arriver	poser	installer
	je trouve				
		tu entres			
			elle arrive		
				nous posons	
					vous installez
ils habitent					

Und nun eine Übung für schlaue Köpfe:

4. **Unsere Druckmaschine ist schon etwas altersschwach und druckt keine Vokale mehr. Wie peinlich. Welche Verben hatte der Drucker in seinem Speicher?**

... und so lauten die Verben richtig:

a) ftr ______________________

b) chrchr ______________________

c) ctr ______________________

d) pssr ______________________

e) mntrr ______________________

f) cmptr ______________________

g) crr ______________________

h) drr ______________________

5. **Wenn du die Satzteile richtig zusammensetzt, erfährst du, was sich am Abend bei Familie Schneider ereignet. Schreibe die Sätze auf und konjugiere das Verb.**

Le repas avec les grands-parents.

Il est sept heures. M. Schneider →	regarder →	avec des copains dans la salle à manger.
Sebastian et Caroline	jouer	dans la cuisine.
Mme Schneider	travailler	la télévision.
Le téléphone	sonner*	dans la salle de séjour.
Les grands-parents	arriver	avec Sebastian et Caroline.
A huit heures, les Schneider et les grands-parents	manger	
Après le repas, grand-père	jouer	

* *sonner* = klingeln

Il est sept heures. M. Schneider regarde la télévision.

____

____

____

____

____.

Après le repas, grand-mère aide Mme Schneider dans la cuisine. Sebastian et Caroline jouent avec grand-père. Voilà le plan du jeu (= der Spielplan).

6. Suche dir einen Mitspieler. Jeder nimmt sich einen Spielstein und würfelt 3-mal. Wer die höchste Zahl hat, darf anfangen. Gewonnen hat, wer zuerst die Spitze des Eiffelturmes erreicht hat.

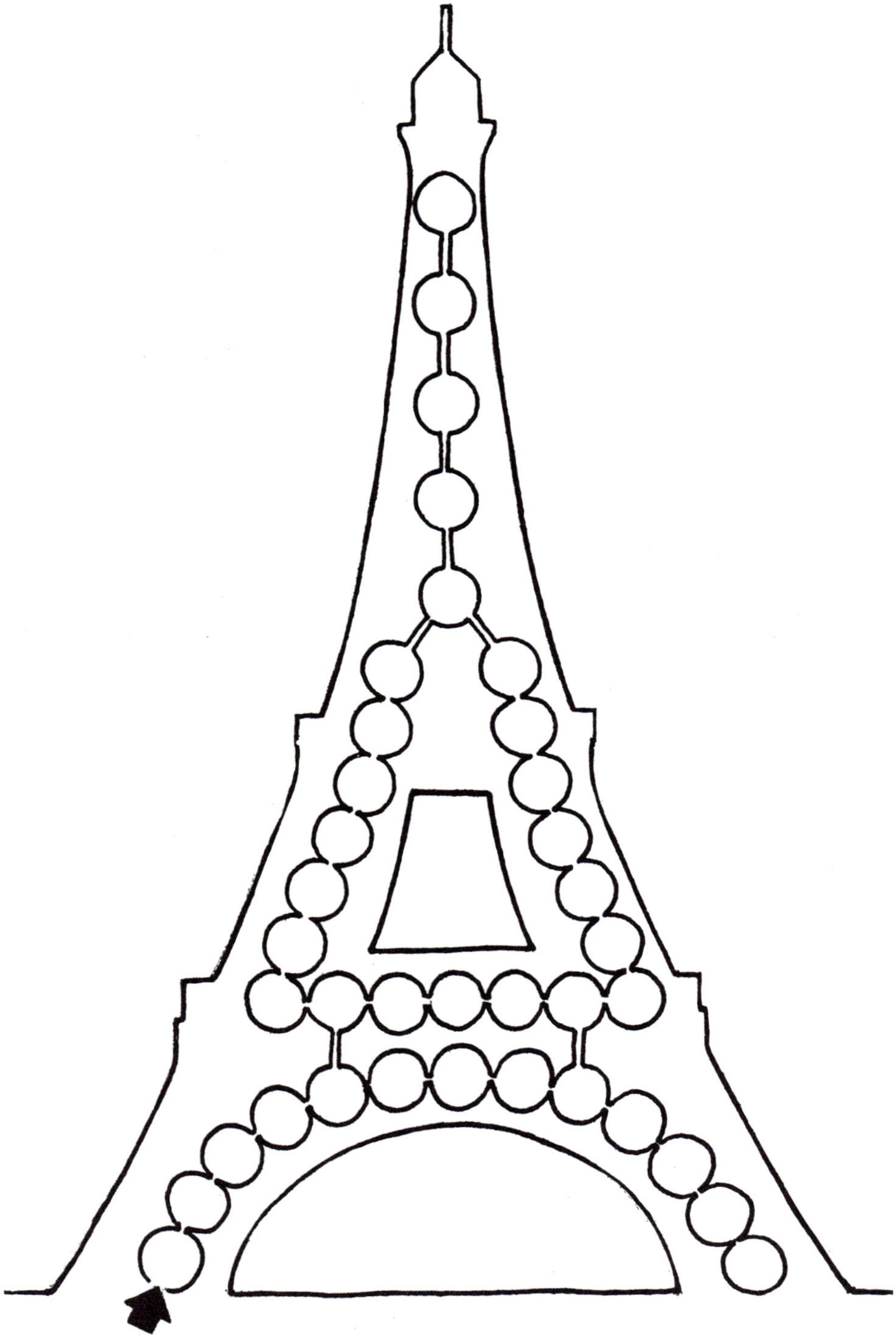

Spielstufe 1:
Die Zahl, die du würfelst, ist die Person des Verbes, die du richtig bilden musst.

je | tu | il, elle | nous | vous | ils, elles

Nehmt bei jedem Würfeln ein neues Verb aus der Verbliste. Reichen die Verben für ein Spiel nicht aus, fangt wieder von vorne an oder schreibt eigene Verben auf.

Spielstufe 2:
Erstellt eigene Listen mit etwa 15 Verben.

Gilt für beide Spielstufen:
Wer seine Verbform richtig hat, darf noch ein Feld vorrücken, wer seine Form falsch hat, geht wieder zwei Felder zurück.

Verbliste:
1. préparer
2. demander
3. aimer
4. fêter
5. montrer
6. exister
7. oublier
8. téléphoner
9. parler
10. discuter
11. sonner
12. installer
13. apporter
14. poser
15. regarder

Die Formen dieser Verben findest du in den Lösungen auf Seite 113/114.

Nach dem Würfelspiel erzählen Sebastian und Caroline ihrem Großvater von dem geheimnisvollen Zettel hinter der Geheimtür im Keller und dem Brief mit der Diskette, den sie gefunden haben. Großvater verspricht zu helfen. Gemeinsam suchen sie nach dem Passwort, um die Diskette am Computer lesen zu können.

7. Setze in das folgende Gespräch die passenden Verbformen ein.

Sebastian: Et comment est-ce que tu ______________ **(chercher)** le mot de passe (=das Passwort), grand-père?

Grand-père: D'abord, je ______________ **(poser)** une question: Comment s'appelle le monsieur? «Réverbère?»

Sebastian: Monsieur Réverbère. «Réverbère», c'est ça?

Grand-père: Non, alors, vous ______________ **(écouter)**. Nous ______________ **(chercher)** un autre mot (=ein anderes Wort). Qui a une idée?

Sebastian: Hmm.

Die Suche ist schwierig. Woher sollen sie wissen, welches Wort passt? – Es müsste etwas sein, womit Monsieur Réverbère zu tun hatte. Caroline macht einen Vorschlag:

Caroline: Grand-père, nous ______________ **(préparer)** une liste des mots, puis nous ______________ **(continuer)**.

Caroline et Sebastian ______________ **(travailler)**.

Grand-père ______________ **(discuter)**

avec Robert et Anne. Après une demi-heure,

Caroline ______________ **(apporter)**

la liste. Grand-père ______________ **(regarder)**:

Réverbère
Tuileries
dangereux
Bruxelles
disquette
Madeleine

Welches Wort könnte es sein? Doch trotz aller Bemühungen kommen die Freunde nicht dahinter. Großvater meint auch noch, die Diskette sei etwas ungewöhnlich und enthalte vielleicht Informationen in verschlüsselter Form. So etwas habe er nämlich noch nie gesehen. Darüber müsste man sehr viel genauer nachdenken ...

Samstagmorgen. Großmutter findet die Computerprobleme ihres Mannes und der Enkelkinder weniger aufregend und will lieber mit der ganzen Familie zum Einkaufen gehen.

8. **Setze alle Verben aus dem Kasten in den Text ein.**

regarder (2x)	traverser	jouer	rigoler	crier
chercher	travailler	parler	rentrer (2x)	
bavarder	apporter	demander	discuter	

Grand-mère et Anne ________________ dans la cuisine. Sébastian

____________ au foot dans la salle de bains. Sa mère ____________:

«Attention, Bastian!» Grand-père ______________ un jean. Caroline

_______________ un problème de mathématiques.

A 10 heures, la famille est au café de l'Opéra. Sebastian ______________ les

filles, Caroline _____________ les garçons. Ils _______________.

«Et maintenant, maman?» ________________ Caroline.

Maman: «Moi, je _____________ la rue et je ______________ à Madame

Bernard. Et vous, vous ________________ à la maison. Et là, vous

_________________ pour l'école.»

Caroline et Sebastian: «Oh, non, maman!»

Maman: «Vous ne ________________ pas et vous _____________.»

2 Der Imperativ

Wie du weißt, gibt es drei Imperativformen (Befehlsformen):

Befehl an eine Person, die man duzt oder siezt:	*Regarde.* oder: *Regardez.*
Befehl an mehrere Personen, die man duzt oder siezt:	*Regardez.*
Befehl an mehrere Personen, wobei man sich selbst einschließt:	*Regardons.*

9. **Setze alle fehlenden Befehlsformen in die Tabelle ein:**

Infinitiv	Befehl an eine Person	Befehl an mehrere Personen	Befehl an mehrere, dich eingeschlossen
Beispiel: *demander*	*a) demande* *b) demandez*	*demandez*	*demandons*
montrer	a) b)		
téléphoner	a) b)		
passer	a) b)		
porter	a) b)		
fêter	a) b)		

Tipp So kannst du auch allein Verben üben, die du neu lernst.

Anne und Großmutter kommen vom Einkaufen nach Hause. Gerade ist eine hitzige Diskussion mit Vater im Gange.

10. **Schreibe alle Anweisungen, die vorgebracht werden, im Singular und im Plural auf, denn Vater spricht entweder zu einem Kind oder zu beiden Kindern.**

Beispiel:

Regarde le miroir. **(regarder)**

Regardez le miroir.

a) ______________ là. **(rester)**

______________ là.

b) ______________________ grand-père. **(écouter)**

______________________ grand-père.

c) ______________________ pour l'école. **(travailler)**

______________________ pour l'école.

d) ______________________ le problème. **(raconter)**

______________________ le problème.

e) ______________________ l'histoire. **(continuer)**

______________________ l'histoire.

Stell dir vor, du bist in einer französischen Gastfamilie mit sieben Kindern in Paris. Dort hörst du viele Befehle, Aufforderungen und Wünsche.

11. **Überlege, was genau gesagt wird, und schreibe die deutschen Befehlsformen auf. Alle reden sich mit „du" an.**

	Französisch →	**Deutsch**
a)	Entre.	______________________
b)	Jouons au foot.	______________________
c)	Regardez la télé.	______________________
d)	Posez des questions.	______________________
e)	Apportez les baguettes.	______________________
f)	Frappe à la porte.	______________________
g)	Parlons à maman.	______________________
h)	Demandez à papa.	______________________
i)	Terminez vite les devoirs.	______________________

Der Pariser Polizeipräsident ist sehr unzufrieden, weil Inspektor Fiffi immer noch keine Spur von dem verschwundenen jungen Mann hat.

12. Übersetze die Befehle und die charmanten Aufforderungen möglichst genau.

a) Suchen Sie! ____________________

b) Finden Sie den Herrn! ____________________

c) Stellen Sie Fragen! ____________________

d) Diskutieren Sie mit den Nachbarn! ____________________

e) Greifen Sie das Problem an! ____________________

f) Sprechen Sie mit Philippe und Sebastian! ____________________

Natürlich wollen auch unsere Freunde herausfinden, was mit dem Verschwundenen passiert ist. In dem feuchten Brief konnten sie nur noch lesen:

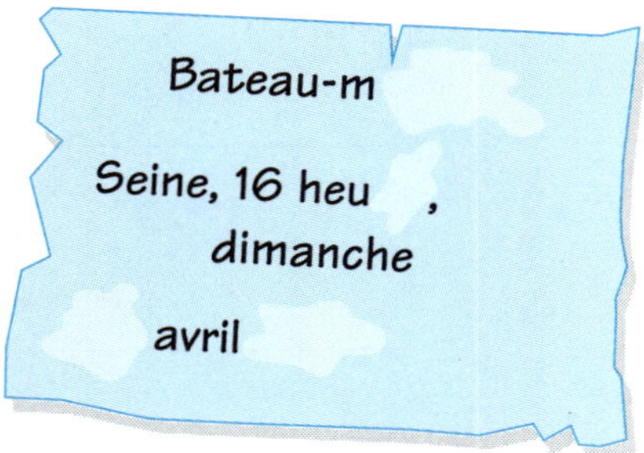

Das konnte nur am kommenden Wochenende oder eine Woche danach sein. Zufällig haben die Freunde für den folgenden Sonntag anlässlich Julies Geburtstag ihre Bootsfahrt auf der Seine geplant. Lassen wir uns überraschen.

C Die ersten unregelmäßigen Verben

1 Die Formen der Verben *être* und *avoir*

	être		sein
je	suis	ich	bin
tu	es	du	bist
il, elle	est	er, sie, es	ist
nous	sommes	wir	sind
vous	êtes	ihr	seid
ils, elles	sont	sie	sind

1. Überlege, welche Formen von *être* in den Text passen.

Annabelle raconte à Jérôme:

«Ma famille et moi, nous __________ de Paris. Mon père _________ conducteur de métro, ma mère _______ infirmière. Et moi, je _______ Annabelle. Mes grands-parents __________ de Marseille, mais aujourd'hui, ils _________ chez nous. C(e) _______ super, nous _________ ensemble. Et toi, tu _______ d'où? De Paris?»

Jérôme raconte:

«Je _______ de Bruxelles. Mon père _______ professeur, ma mère et ma sœur _______ infirmières et travaillent à l'Hôpital St.-Louis à Bruxelles. Nous __________ ici avec des amis. Ils _________ de Paris. Tu aimes Paris et le quartier où vous ________ maintenant?»

Annabelle: «Ça va. Je _______ à l'école ici et c(e) _______ intéressant.»

	avoir		haben
	j'ai	ich	habe
tu	*as*	du	hast
il, elle	*a*	er, sie, es	hat
nous	*avons*	wir	haben
vous	*avez*	ihr	habt
ils, elles	*ont*	sie	haben

2. Schreibe die richtigen Formen von *avoir* in die Lücken.

Jérôme et Annabelle discutent:

Annabelle: «J(e) ______ un ordinateur et des jeux sur disquette. Tu ______ aussi des jeux? Apporte tes jeux. Nous ______ une grande salle de séjour où nous jouons souvent ensemble, mes copains et moi.»

Jérôme: «Alors, vous ______ un grand appartement et tes parents ______ beaucoup de place (= viel Platz)?»

Annabelle: «Oui, et mon grand-père ______ toujours le temps de jouer avec nous. C'est super.»

Schade nur, dass Jérôme so weit weg in Brüssel wohnt, Annabelle würde ihn gern ab und zu besuchen. Aber vielleicht klappt es ja mal in den Ferien.

3. Welches Verb passt zu welchen Satzteilen? Die Buchstaben zeigen dir an, welche Person des Verbs jeweils mit welchem Satzteil kombiniert werden soll.

	avoir / être	
a) Alors, je		a) … d'accord.
b) Tu …		b) … quel âge, Monique?
c) Elle …	avoir	c) … à Paris depuis trois jours.
d) Nous …	être	d) … trois copains.
e) Vous …		e) … inspecteurs, messieurs?
f) Elles …		f) … des correspondantes sympathiques.

a) ______________________________

b) ______________________________

c) ______________________________

d) ______________________________

e) ______________________________

f) ______________________________

4. Setze jeweils die passenden Formen der Verben in Klammern ein. Steht kein Personalpronomen *(je, tu, il ...)* vor dem Verb, so überlege, ob eine Befehlsform stehen muss.

Sur le bateau à Paris.

«______________ **(regarder)**, mesdames, messieurs, voilà la Tour Eiffel à droite. Maintenant à gauche, vous ____________ **(avoir)** le Jardin des Tuileries, puis le Louvre et l'Ile de la Cité avec Notre-Dame de Paris.»

Sebastian et Philippe _____________ **(regarder)** les touristes. Ils ____________ **(avoir)** des caméras et ils ______________ **(crier)**: «Oh!» et «Ah!». Ils ____________ **(aimer)** Paris.

Aujourd'hui, c(e) ___________ **(être)** l'anniversaire de Julie; elle __________ **(avoir)** 8 ans et elle ____________ **(aimer)** les promenades en bateau.

Les copains ______________ **(quitter)** leurs places et _________________ **(traverser)** le bateau. Un homme _____________ **(arriver)**.

Sebastian ______________ **(demander)** à Philippe: «_____________ **(tourner)** la tête et ___________ **(écouter)** ce monsieur.»

Le monsieur ______________ **(poser)** une question: «Vous _____________ **(être)** les garçons de la rue La Fayette? Et vous ___________ **(habiter)** la maison no. 7?

Oui. Alors, ____________ **(écouter)**:

(Er flüstert) J(e) __________ **(avoir)** une information pour vous. ____________ **(rentrer)** à la maison. A 20 heures, je ____________ **(téléphoner)**.»

2 Der feine Unterschied zwischen *est/sont* und *il y a*

Wann nimmst du *est / sont* und wann *il y a*? Beides bedeutet eigentlich dasselbe:

est/sont/ il y a	=	ist/sind/ befindet/ befinden sich

Die Unterscheidung ist keine Hexerei. Schau dir die beiden „Satzbaukästen" an, dann kennst du dich schnell aus:

Satzbaukasten 1:

La souris	*est*	*dans la cuisine.*
Satzgegenstand: wer oder was?		Ortsangabe

→ *La souris* ist Satzgegenstand.
→ Ortsangabe steht am Satzende.

Satzbaukasten 2:

Dans la cuisine,	*il y a*	*une souris.*
Ortsangabe		wen oder was? Objekt

oder:

Il y a	*une souris*	*dans la cuisine.*
	wen oder was? Objekt	Ortsangabe

→ *une souris* ist Objekt.
→ Ortsangabe steht am Satzanfang oder am Satzende.

5. **Welche Form muss also jeweils in das leere Kästchen des Satzbaukastens?**

Setze ein: *est/sont* oder *il y a.*

Monsieur XY [ ] à Paris. Sur le bateau, [ ] beaucoup de touristes.

Philippe regarde les gens: [ ] trois hommes qui discutent.

Ils [ ] de Stuttgart et parlent allemand.

[ ] aussi des chiens qui aiment bien les promenades en bateaux.

6. **Überlege, wer mit wem spricht, verbinde die Satzteile mit farbigen Linien und schreibe dann die Sätze auf.**

a)	Devant Notre-Dame,	devant l'ordinateur et regardent la disquette de M. XY.
b)	Les grands-parents de Julie et de Philippe sont	il y a beaucoup de touristes.
c)	Sur le marché,	déjà à table et mangent avec la famille.
d)	Les garçons et les filles sont	il y a des stands et des commerçants.

a) ____________________

b) ____________________

c) ____________________

d) ____________________

3 *faire* und *aller*

	faire		machen
je	*fais*	ich	mache
tu	*fais*	du	machst
il, elle	*fait*	er, sie, es	macht
nous	*faisons*	wir	machen
vous	*faites*	ihr	macht
ils, elles	*font*	sie	machen

Aufgepasst: die Endungen im Singular sind **-s**, **-s**, **-t**;
die Gefahrenquelle liegt in der **2. Person Plural**: *vous* ***faites*** ! ! !

7. **Verbinde die Satzteile mit dem Verb *faire*; die Buchstaben stehen für die Personen des Verbs: a) = *je*; b) = *tu*, c) = *il*, ...**

Qu'est-ce que tu fais?

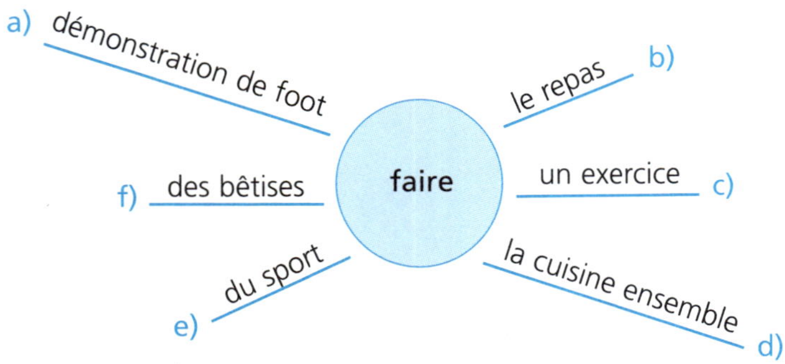

a) ______________________________

b) ______________________________

c) ______________________________

d) ______________________________

e) ______________________________

f) ______________________________

	aller		gehen/fahren
je	vais	ich	gehe
tu	vas	du	gehst
il, elle	va	er, sie, es	geht
nous	allons	wir	gehen
vous	allez	ihr	geht
ils, elles	vont	sie	gehen

Bei ***aller*** ist Vorsicht geboten: Der Infinitiv sieht zwar aus, als handele es sich um ein regelmäßiges Verb auf *-er*, doch das täuscht; nur die 1. und 2. Person im Plural sind so, wie du es erwartest.

Zurück zu unseren vier Freunden.

Bei ihrer Suche finden sie ein Foto, auf dem drei Personen zu sehen sind: Maximilian Réverbère selbst, ein großer Mann mit Bart und eine junge Dame in Uniform.

Caroline und Julie interessieren sich für die junge Frau. Sie meinen, sie schon einmal gesehen zu haben.

8. Setze die passenden Formen von *aller* ein.

a) Julie et Caroline __________ à la maison.

b) Julie demande à sa mère: «Tu __________ souvent au cinéma?»

c) Maman: «Non, mais je __________ souvent à la boulangerie.

d) La belle dame sur ta photo __________ au Quai d'Orsay où elle travaille. Son nom? Hmm.»

e) Caroline: «Alors, Julie, __________ au Quai d'Orsay et demandons son nom.»

f) Maman: «Oui, __________, mes filles, mais rentrez à 19 heures pour le repas.»

4 Das *Futur composé*

Und nun gleich noch ein wenig Spielerei mit dem Verb ***aller***. Setzt du es mit dem Infinitiv (der Grundform) eines anderen Verbs zusammen, so hast du eine ganz bequeme Methode, das Futur zu bilden.

Beispiele:	*Nous*	***allons*** werden ...	***demander*** fragen	*à Monsieur Fiffi.*
	M. Fiffi	***va*** wird...	***informer*** informieren	*son chef.*
	Ils	***vont*** werden ...	***discuter*** diskutieren	*du problème.*

So einfach ist das Futur:
Im Deutschen verwendest du das Hilfsverb **werden**, im Französischen ***aller***. In beiden Sprachen noch den Infinitiv dazu – und fertig ist das ***Futur*** (***composé*** – weil es zusammengesetzt ist).

Futur

im Französischen: ***aller*** **+ Infinitiv**
im Deutschen: **werden + Infinitiv**

je vais
tu vas
il, elle va
nous allons
vous allez
ils vont

+ Infinitiv

(z. B. *regarder*)

Was werden die Freunde tun, wenn sie groß sind?

9. Setze ins *Futur composé*.

Philippe: Le week-end, je ______________________ **(rentrer)** à 3 heures du matin.

Julie: Caroline et moi, nous ______________________ **(faire)** les courses à New York.

Et toi, Sebastian, tu ______________________ **(rester)** à la maison avec maman?

Sebastian: Non, je ______________________ **(aller)** en Australie et je ______________________ **(chercher)** des kangourous.

Caroline: Il ______________________ **(apporter)** un crocodile.

Puis nous ______________________ **(donner)** un nom au crocodile: il ______________________ **(s'appeler)** «Odile».

D Die Fragesätze

Es gibt verschiedene Möglichkeiten im Französischen, eine Frage zu bilden. Zunächst wird dir jede Möglichkeit einzeln vorgestellt, und wenn du dich sicher fühlst, dann kannst du die gemischten Übungen machen.

1 Die Entscheidungsfrage

Hier musst du dich entscheiden (wie der Name schon sagt), ob du als Antwort „ja" oder „nein"/«oui» ou «non» sagst.

Und wie sieht die Frage selbst aus? Die einfachste Form ist diese:

Intonationsfrage

Nimm einen Aussagesatz, geh am Ende des Satzes mit der Stimme nach oben oder setze beim Schreiben ein Fragezeichen dahinter. Fertig ist die Frage.

Aussagesatz: ***Les copains vont au Café de l'Opéra.***
Fragesatz: ***Les copains vont au Café de l'Opéra?***

Und weil nur durch das Fragezeichen oder die Aussprache, die so genannte „Intonation", festzustellen ist, dass es sich um eine Frage handelt, nennt man diese Frage **Intonationsfrage**.

Diskussion im Klassenzimmer: Welche Fragen stellen sich die Schüler am Schuljahresanfang?

1. **Forme die Aussagesätze in Fragesätze (Intonationsfragen) um.**

a) Céline, tu vas au lit à 20 heures.

____

b) Luc, tu continues tes devoirs.

____

c) Nicolas regarde souvent par la fenêtre.

____

d) Ton amie s'appelle Irène.

____

e) Elle aime les mathémathiques.

____

Merk dir: „Hände weg vom Satz" – nur das **?** macht's. Das war's schon. **Tipp**

Deshalb gleich auf zur nächsten Frage:

2 Die Ergänzungsfrage

Qui bavarde avec Luc?

Qui est-ce?

Le nouvel élève s'appelle **comment?**

Jetzt nützt es dir nichts mehr, nur „ja" oder „nein" zu sagen, du musst mit einer Antwort „herausrücken":

Mögliche Antworten: *Jeannette bavarde avec Luc.*
C'est notre prof de géographie.
Il s'appelle Florian Pinot.

Um diese Fragen zu bilden, benötigst du Fragewörter. Hier hast du eine Auswahl:

2. Verbinde die zusammengehörenden Satzteile und schreibe die vollständigen Fragen in die Liste.

Où ...
Où ...
Que ...
Qui ...
Qui ...

Beispiel: *Qui fait le repas?*

____

____

____

____

3. Fragen mit dem Fragewort *où* oder *que.* Luc hat seine Hausaufgaben zu Hause vergessen; er erfindet lauter Ausreden. Du bist der Lehrer und stellst ihm jeweils die entsprechende Frage.

Professeur:	Luc:
a) ______________________	Mes devoirs sont dans mon sac de sport.
b) ______________________	Mon sac de sport est dans la voiture de mon père.
c) ______________________	La voiture de mon père est en Italie chez ma mère.
d) ______________________	Ma mère donne des cours intitulés*: «Comment est-ce que j'organise mon travail?»*

* gibt Kurse über das Thema: Wie organisiere ich meine Arbeit?

3 Immer richtig: die Frage mit *est-ce que*

est-ce que ist ein sehr praktischer Satzbaustein. Damit lässt sich jeder „normale“ Aussagesatz in eine Frage umwandeln und du brauchst am Satz absolut nichts zu verändern.

est-ce que ist also einfach das **Signal** für die Frage.

Beispiele:

Aussagesatz 1: *La souris mange mes devoirs* .

Fragesatz 1:

Est-ce que *la souris mange mes devoirs* ?

Aussagesatz 2: *La machine à devoirs termine les devoirs* .

Fragesatz 2:

Quand ***est-ce que*** *la machine à devoirs termine les devoirs* ?

→ Fragewort + Fragesignal + Aussagesatz = ?

wann? ***est-ce que***

Hast du erkannt, welche Frage die Entscheidungs- und welche die Ergänzungsfrage ist?

Im Beispiel 1 gibst du zur Antwort *oui* oder *non*, du hast also eine **Entscheidungsfrage** gebildet; im Beispiel 2 musst du eine Antwort ergänzen, d.h. du hast eine **Ergänzungsfrage** gebildet.

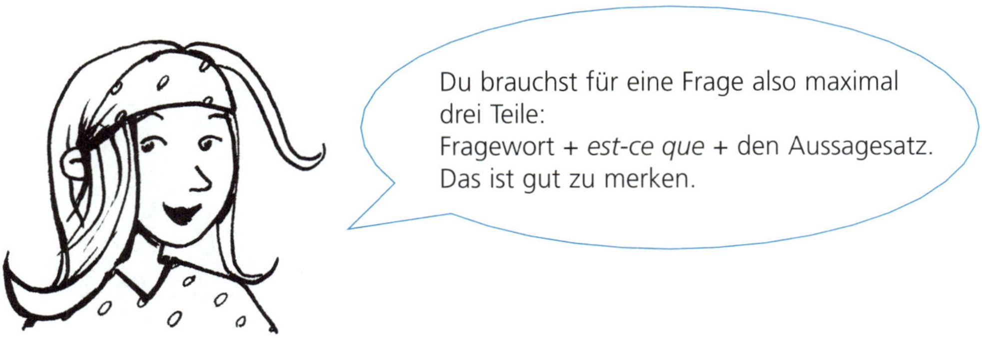

4. **Binde die Luftballons mit dem Fragewort und dem Fragesignal *est-ce que* jeweils an den richtigen Satz.**

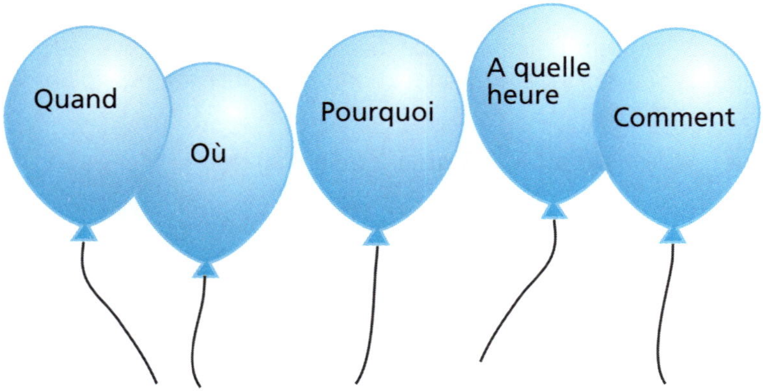

a) ______________________ vous rentrez à la maison?

b) ______________________ tes parents habitent?

c) ______________________ tu arrives si tard?

d) ______________________ le métro passe à la gare «Montparnasse»?

e) ______________________ tu t'appelles?

Die Hausaufgabenmaschine, die alles von selbst macht, davon hast du sicher auch schon geträumt. Hier hast du die Gelegenheit, den ersten Prototypen zu testen.

5. **Das erste Modell ist ganz gut gelungen; du steckst links den Aussagesatz hinein, drückst auf den Knopf „Fragesatz" und rechts kommt die fertige Frage heraus.**

Hinein: *Vous faites des démonstrations de slalom.*

Heraus: *Où est-ce que vous faites des démonstrations de slalom?*

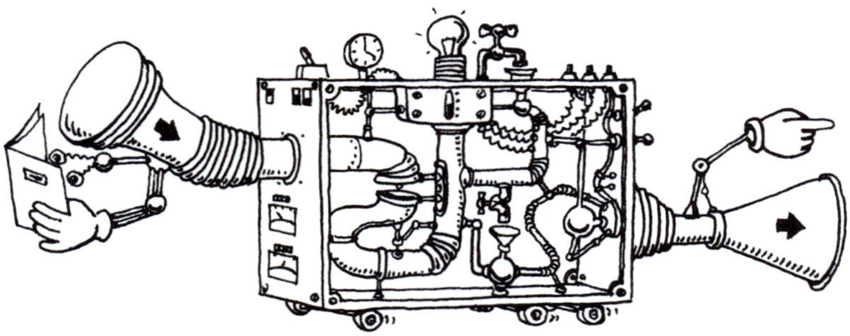

	Hinein:	**Heraus:**
a)	Pierre rentre de l'école et pleure.	Pourquoi ______________________ ______________________?
b)	Il a mal.	Où ______________________?
c)	Le docteur arrive.	Quand ______________________ ______________________?
d)	Le docteur regarde Pierre.	Comment ______________________ ______________________?
e)	Pierre a (la grippe)*.	Qu(e) ______________________?

* Hier musst du einen Teil des Satzes weglassen!

Du siehst, dass deine **H**aus**A**ufgaben**M**aschine nicht perfekt ist. In der nächsten Entwicklungsstufe muss garantiert sein, dass der Prototyp der HAM automatisch die Teile der Sätze weglässt, nach denen mit dem Fragewort gefragt wird.

Beispiel: *Pierre a mal* ***au ventre*** . ← Danach willst du fragen mit ***où***.

Le docteur arrive ***à midi*** . ← Danach willst du fragen mit ***quand***.

Fragen: *Où est-ce que Pierre a mal?*
Quand est-ce que le docteur arrive?

Vorsicht, wenn du mit dem Fragewort ***que*** arbeitest:

Tipp

Qu'est-ce …
Où est-ce ***qu'il …*** / Où est-ce ***qu'elle …***
→ **vor Vokal wird *que immer zu qu'.***
→ ***qui*** verkürzt du **nie!**

6. **Gib die folgenden Fragesätze ein und hole die richtigen Fragen aus deiner Maschine heraus. Wonach gefragt wird, steht immer im blauen Kasten. Das Fragewort ist jeweils *que*.**

a) Le docteur murmure* hmmmmmm .

b) Pierre aime manger 5 tablettes de chocolat par jour* .

c) Le docteur donne un papier à la maman de Pierre.

d) Il y a une recette* sur le papier.

e) Pierre regarde la recette .

f) La mère de Pierre prépare maintenant un bon repas avec des légumes et des fruits pour Pierre.

g) Pierre ne mange plus* de chocolat .

* *murmurer* = murmeln; *par jour* = am Tag; *une recette* = ein Rezept;
ne … plus de chocolat = keine Schokolade mehr

Und nun noch eine kleine **Spezialität** der *est-ce que*-Frage:
Es gibt sie nicht nur einfach oder mit Fragewort, sondern auch noch
mit Präposition + Fragewort.

Wir üben hier Präpositionen zusammen mit dem Fragewort *qui*. Aber woher weißt du, mit welcher Präposition du verbinden musst? – Das sagt dir der Aussagesatz.

Beispiel: *Pierre donne le chocolat* ***à Céline***.
à qui ? wem ? → *à Céline*.
→→ ***A qui est-ce que*** *Pierre donne le chocolat?*

7. **Hole dir aus der Pyramide des Louvre jeweils das passende Fragewort mit Präposition und setze es zusammen mit der Frageformel *est-ce que* in die entsprechende Frage um. Die Antwort, aus der du die Frage bilden musst, steht schon da.**

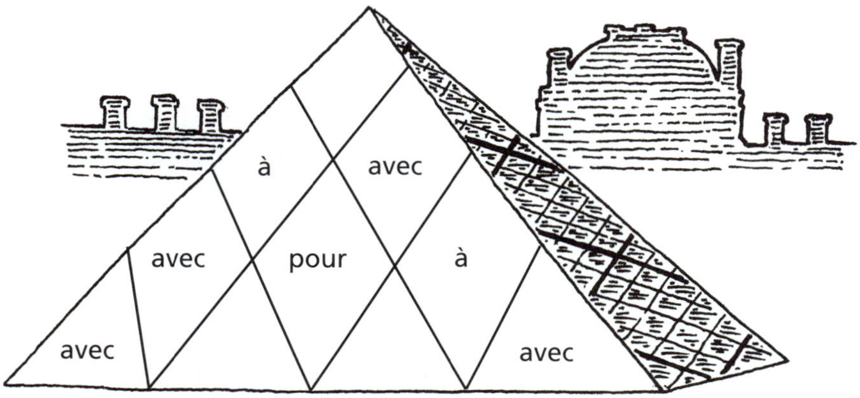

a) Pierre fait une promenade **avec ses grands-parents**.

→ ____?

b) Ses copains font du slalom **avec les amis du club «Champs Elysées»**.

→ ____?

c) Liliane raconte l'histoire du nouveau professeur de maths **à son amie**.

→ ____?

d) Luc fait les devoirs de physique **pour sa copine**.

→ ____?

e) Les garçons jouent au foot **avec les filles**.

→ ____?

f) Philippe et Sebastian tombent dans la Seine **avec Caroline et Julie**.

→ ____?

g) Céline téléphone **aux parents et à la police**.

→ ____?

4 Gemischte Übungen zu allen Fragearten

Da Monsieur Réverbère verschwunden bleibt, kann M. Fiffi nichts anderes tun als ihn trotz Warnung zur Fahndung bei Interpol auszuschreiben. Er telefoniert mit den zuständigen Beamten, jeder stellt Fragen. Du hilfst dort als Schreiber aus und musst sorgfältig alle Fragen und Antworten notieren. Leider hast du in dem Trubel nur die Antworten mitgeschrieben.

8. **Sieh auf deinen Notizzettel. Die Antworten stehen schon da. Ergänze die Fragen auf dem Fragenzettel jeweils passend zu den unterstrichenen Satzteilen.**

Antwortzettel:

a) *Vous parlez à l'inspecteur Fiffi, Monsieur.*
b) *Nous cherchons M. Réverbère, un ami.*
c) *Parce qu'il a disparu* depuis quatre mois.*
d) *Il a 22 ans.*
e) *Je vais passer chez vous à 8 heures demain matin.*

Fragenzettel:

a) ______________________________

b) ______________________________

c) ______________________________

d) ______________________________

e) ______________________________

* *il a disparu* = er ist verschwunden

Am nächsten Morgen setzen sich Inspektor Fiffi und die Interpol-Mitarbeiter zusammen und geben eine Personenbeschreibung von Monsieur Réverbère an alle Polizeistellen.

Natürlich steht in der Beschreibung noch viel mehr. Sieh dir aber besonders die Hinweise zu seinem Beruf und zu seinen Hobbys an.

9. **Welche Fragen muss der Interpol-Mitarbeiter stellen, um die folgenden Antworten auf dem Fahndungsbogen zu bekommen? Schreibe alle Fragen auf, die du an seiner Stelle an Inspektor Fiffi richtest.**

Informations sur M. Réverbère:

a) **Il s'appelle Maximilian Réverbère.**
b) **Il a 22 ans.**
c) **Il habite 7, rue La Fayette.**
d) **Il travaille pour «Minicomputel».**
e) **Son chef est M. Internetz.**
f) **M. Internetz cherche M. Réverbère parce qu'il a fait un gameboy avec un logiciel génial* pour le congrès international de l'informatique à Paris, le 9 octobre.**
g) **C'est très intéressant pour «Minicomputel», parce que la concurrence veut aussi le logiciel****

* *un logiciel génial* = ein geniales Computerprogramm
** weil die Konkurrenz auch das Computerprogramm haben will

a) ______________________________

b) ______________________________

c) ______________________________

d) ______________________________

e) ______________________________

f) ______________________________

g) ______________________________

E Die Possessivbegleiter

1 Die Possessivbegleiter *mon – ma – mes, ton – ta – tes, son – sa – ses*

Die Possessivbegleiter brauchst du, wenn du ausdrücken willst, wem etwas gehört. Je nachdem, ob **ein** oder **mehrere Besitzer** da sind, müssen wir die passende Form auswählen.

mein	mein Haus,
dein	dein Freund
sein/ihr	sein Hund, ihre Maus.

Die französischen Possessivbegleiter funktionieren etwas anders: Du musst feststellen, welchen **Artikel** das **Nomen** hat, zu dem du den Begleiter stellen willst, dann verwendest du

mon	*ton*	*son*	→ bei männlichen Nomen im Singular;
ma	*ta*	*sa*	→ bei weiblichen Nomen im Singular;
mes	*tes*	*ses*	bei Nomen im Plural, ganz gleich, ob männlich oder weiblich.

Beispiele:

C'est	***un***	*verre.*	→	*C'est*	***mon***	*verre.*
Tu as	***une***	*tasse.*	→	*Tu as*	***ma***	*tasse.*
C'est	***une***	*famille.*	→	*C'est*	***ma***	*famille.*
Je cherche	***des***	*cassettes.*	→	*Je cherche*	***mes***	*cassettes.*

1. *Un soir chez les Ribert.* Setze die fehlenden Possessivbegleiter ein.

Marie rentre. Elle regarde ________ chambre. Là, il y a _______ sac sur la table.

_______ livres sont sur l'étagère. Il y a aussi une photo de ______________

grands-parents, une photo de _______ copain, Jean-Luc, et de _______ copine,

Caroline.

Puis, Marie va dans la salle de séjour. _______ père dit: «Salut, ________ chérie.

Ça va? Où sont _______ devoirs? Je vais regarder _______ problèmes de maths.»

Marie: «Oh! Papa, toi, tu termines d'abord _______ spaghetti et moi, je fais

_______ devoirs tout de suite.»

2. *Ce n'est pas juste.* Auch hier fehlen die Possessivbegleiter.

Aujourd'hui, les Ribert sont à Fontainebleau chez leurs grands-parents. Marie et Jean-Luc font le repas, mais les parents et les grands-parents ne sont pas là. Qu'est-ce qu'ils font?

Grand-père fait _______ promenade dans ________ jardin.

Maman bavarde avec ________ voisine et _______ copines de Paris.

Grand-mère est dans _______ jardin et regarde ________ fleurs.

Et papa? Il est sur _______ lit et fait ________ sieste*.

Marie: «Alors, _______ merguez sont noires, _______ tarte de pommes est

noire et ________café est froid*. Ce n'est pas juste. Où est-ce qu'ils sont?

Luc, maintenant, nous allons manger une glace!»

* *la sieste* = der Mittagsschlaf; *froid* = kalt

Beginnt ein Nomen mit **Vokal** oder **stummem h-**, so verwendest du immer die **männlichen Possessivbegleiter**, auch wenn das Nomen weiblich ist. **Tipp**

3. Setze in den „Kringel" den unbestimmten Artikel des Nomens und schreibe in die Liste vor dem Nomen alle passenden Possessivbegleiter.

Beispiel:

mon
ton
son
appartement: un

____
________ âge:
____

____
________ idée:
____

____
________ ordinateur:
____

____
________ orange:
____

____
________ ami:
____

____
________ amie:
____

4. Setze die passenden Possessivbegleiter ein.

Caroline et Sebastian font une interview pour l'école. Dans la rue, ils posent des questions.

«Bonjour, monsieur, bonjour, madame, comment est-ce que vous trouvez la ville de Paris?»
Une dame donne une réponse:

«J'aime ________ ville. Dans ________ immeuble, les gens sont très sympathiques.

J'habite là avec ________ fille et ________ fils. Le matin, je quitte ________ appartement avec ________ enfants. Le soir, ________ fille fait souvent le repas. Puis, elle travaille dans ________ chambre. Le lundi et le vendredi, ________ fils est dans ________ club avec ________ copains.

Il rentre à huit heures, mange et fait ________ devoirs pour l'école. ________ école, c'est l'école François Rabelais.

Moi, je vais souvent dans _______ café, rue La Fayette, où il y a aussi _______ voisins et _______ voisines. Paris, c'est super, le soir.»

2 Die Possessivbegleiter *notre–votre–leur, nos–vos–leurs*

wir ihr sie	besitzen **1** Krokodil.	C'est	notre votre leur	crocodile.
wir ihr sie	besitzen **7** Krokodile.	Ce sont	nos vos leurs	crocodile**s**.

Votre und ***vos*** können auch Höflichkeitsformen sein. *C'est **votre** crocodile, madame? Ce sont **vos** crocodiles, monsieur?*

Tipp

5. Überlege, ob hier mehrere Besitzer ein oder mehrere Dinge besitzen und ordne in die beiden Blätter ein: links ein Besitztum, rechts mehrere.

a) *notre chien*
b) ______________
c) ______________
d) ______________
e) ______________
f) ______________
g) ______________
h) ______________

a) *vos perroquets*
b) ______________
c) ______________
d) ______________
e) ______________
f) ______________
g) ______________
h) ______________

leur promenade · vos amis · votre cuisine · leurs casques · notre tablette de chocolat · vos devoirs · nos sœurs · leur magasin · nos BD · notre photo · leur frère · leurs skateboards · leurs fleurs · notre champion

Gibt es noch Unsicherheiten, dann schau auf unseren Spicker:

notre
votre ami
leur

nos
vos amis
leurs

In der folgenden Übung stehen alle Besitzer und Besitztümer im Plural:

6. Setze die passenden Possessivbegleiter im Plural ein.

Julie et Caroline arrivent. Leurs copains vont jouer à l'ordinateur et aller à la Tour Montparnasse pour faire du patins à roulettes.

Philippe et Julie:

«Voilà, les copains, nous apportons _______ CD, _______ BD, _______ cassettes de musique rock et _______ jeux.»

Sebastian et Caroline demandent:

«Où est-ce que vous avez _______ skateboards, _______ patins à roulettes et _______ vélos*?»

Madame Schneider est dans la cuisine et crie:

«Caroline, demande à Sebastian et à Philippe: Où est-ce qu'ils ont _______ casques pour le sport, _______ pullovers et _______ jeans?»

* *le vélo* = das Fahrrad

Vier Wochen später kommen die deutschen Freunde zu Besuch nach Paris. Bei ihrer Ankunft am Bahnhof Gare de l'Est gibt es einige kleine Pannen.

7. Lies erst den Text einmal durch und setze dann die richtigen Possessivbegleiter im Singular oder Plural in die Lücken.

Manchmal hilft dir der folgende Satz, den richtigen Begleiter im vorhergehenden einzusetzen.

Tipp

Sabine et Jürgen arrivent à la Gare de l'Est. Là, il y a des gens, des gens et des gens. Et Sabine crie:

«Où est ______ sac, Jürgen?»

«_______ sac, Sabine? Aucune idée*. Mais où est _______ porte-monnaie* à moi?»

«_______ porte-monnaie, oh! Qu'est-ce qu'il y a dedans*?»

«_______ papiers: _______ tickets de retour, _______ petit livre avec _______ adresses, _______ numéros de téléphone et _______ tickets pour le concert des *Marches Mellows*.»

«Jürgen, autre chose: Où sont les cartons avec les cadeaux pour _______ amis?»

«Dans _______ sac, Sabine!»

* *aucune idée* = keine Ahnung; *le porte-monnaie* = die Geldbörse; *dedans* = darin

Und mitten im Gewühl geht auch noch Jürgen verloren. Sabine trifft glücklicherweise auf Inspektor Fiffi und seinen detektivischen Spürsinn. So bekommt sie nicht nur ihren Koffer, sondern auch Jürgen zurück.

F Die Präpositionen *à* und *de* und die bestimmten Artikel

1 Die Präposition *à* und die bestimmten Artikel

Moniques Beispiele zeigen dir im Überblick, worum es geht.

	Je vais	*à*	***la** boulangerie.*	
	Tu vas	*à*	***l'**épicerie?*	
Aber:				
	Elle va	***au***	*supermarché.*	*(à + le → au)*
	Nous allons	***aux***	*magasins de vêtements.*	*(à + les → aux)*

Du musst also nur aufpassen, wenn du die Präposition **à** mit ***le*** oder ***les*** kombinierst.

à + la	**bleibt**	**à la**
à + l'	**bleibt**	**à l'**
à + le	**→**	**au**
à + les	**→**	**aux**

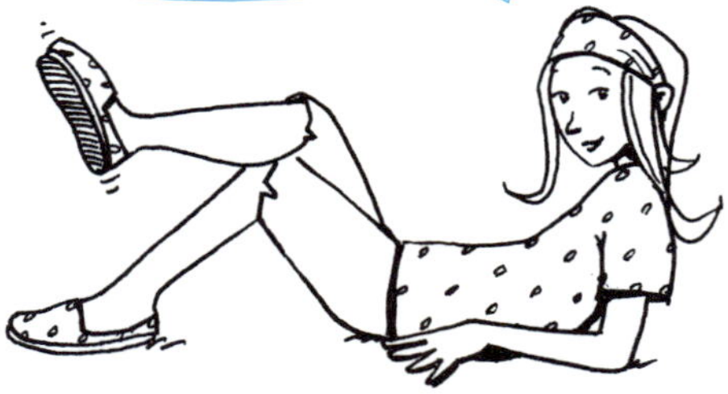

Langer Rede kurzer Sinn, schau genau hin, dann sind die Übungen ein Kinderspiel.

1. Wie musst du *à* und die bestimmten Artikel zusammensetzen?

Beispiel: *à* + ***le** père* → *au père*

Und nun du:

a) + la mère → ____________________

b) + la sœur → ____________________

c) + les grands-parents → ____________________

d) + la télé → ____________________

e) + l'hôpital → ____________________

f) à + le restaurant → ____________________

g) + l'épicerie → ____________________

h) + le marché → ____________________

i) + le commerçant → ____________________

j) + la maison → ____________________

k) + les parfumeries → ____________________

l) + le quartier → ____________________

2. Schreibe die Sätze vollständig auf die Schreiblinien.

a) Nous posons une question
b) Le professeur donne une réponse
c) Philippe va
d) François parle
e) Elle passe un papier
f) Le garçon invite la fille

à →

le professeur.
les élèves.
le tableau.
la voisine.
la fille devant elle.
le café.

a) ____________________

b) ____________________

c) ____________________

d) ____________________

e) ____________________

f) ____________________

3. **Setze nun in den Text das jeweils passende Element ein:**
à – à la – à l' – au – aux

Une visite dans la nuit.

Il est 3 heures, Sebastian écoute. Il y a un bruit bizarre* dans l'appartement. Ses parents sont _______ Fontainebleau. Que faire? Il va _______ téléphone et appelle la police. L'inspecteur demande: «Où est-ce que tu habites?» «J'habite le numéro 7 de la rue La Fayette, _______ premier étage.»

Sebastian va _______ lit. Le bruit bizarre est toujours là. 10 minutes plus tard, les inspecteurs de police frappent _______ porte. Sebastian ouvre. Il explique son problème _______ hommes. Ils entrent et regardent dans les chambres.

Et qu'est-ce qu'ils montrent alors _______ garçon? Julie! Elle est dans sa chambre avec ses patins à roulettes et fait des exercices! Et qu'est-ce qu'elle raconte _______ inspecteurs?

«Je fais mes exercices ici parce que les garçons _______ école font toujours des démonstrations de slalom sans moi. Mais demain, non aujourd'hui, je vais _______ Tour Montparnasse avec les autres et je vais être la championne!»

* *un bruit bizarre* = ein merkwürdiges Geräusch

2 Die Präposition *de* und die bestimmten Artikel

Dasselbe Spiel wie bei der Präposition *à* auch bei der Präposition *de*:

Je parle	**de**	***la*** *fille de ma classe.*	
Tu parles	**de**	***l'****inspecteur?*	

Aber:

Elle parle	***du***	*professeur.*	(*de* + *le* → *du*)
Nous parlons	***des***	*professeurs de la classe.*	(*de* + *les* → *des*)

de + la	bleibt	de la
de + l'	bleibt	de l'
de + le	→	du
de + les	→	des

4. Wie musst du *de* und die bestimmten Artikel zusammensetzen?

Beispiel: *de + le père* → *du père*

Und jetzt du:

a) + le repas → ____________________

b) + la mère → ____________________

c) + les grands-parents → ____________________

d) + l'école → ____________________

e) + l'hôpital → ____________________

f) **de** + le restaurant → ____________________

g) + l'épicerie → ____________________

h) + le marché → ____________________

i) + le dimanche → ____________________

j) + la rue → ____________________

k) + les boulangeries → ____________________

l) + le quartier → ____________________

5. Setze jeweils die Satzteile mit der Präposition *de* zu ganzen Sätzen zusammen.

Un dimanche après-midi chez les grands-parents.

a) La famille regarde les arbres dans la forêt
b) Monsieur Schneider aime le jardin
c) Madame Schneider prépare le repas
d) Sebastian tape dans le ballon
e) Caroline regarde les BD
f) Puis, elle invite les copains

de

les grands-parents.
le père d'Annabelle.
les enfants.
Philippe.
la voisine.
le club.

a) ____

b) ____

c) ____

d) ____

e) ____

f) ____

Tipp

Hast du es gemerkt? ***de*** oder ***à*** vor **Eigennamen** *(Je parle **de Philippe**. Je donne le livre **à Nathalie**.)* werden **ohne bestimmten Artikel** verwendet.

Um ihr Taschengeld für die Sommerferien aufzubessern, lassen sich die Freunde etwas Besonderes einfallen: eine nächtliche Serenade auf dem Eiffelturm.

6. Setze ein: *de – de la – de l' – de – des*

Les amis arrivent devant la Tour Eiffel. Philippe porte le keyboard* _______ Julie et Sebastian porte sa guitare. Les copains montent au premier étage _______ Tour Eiffel et s'installent. Caroline joue très bien _______ flûte. Les gens parlent _______ jeunes gens qui font _______ musique. Les gens crient: «Bravo! Bravo!» A la fin _______ concert, Caroline prend le chapeau* et fait le tour. Beaucoup de gens donnent 10 francs ou 15 francs. Et voilà, 100 francs _______ monsieur avec le pullover bleu qui aime bien la musique classique _______ copains. 50 francs sont _______ épicier _______ rue La Fayette.

A 23 heures, les amis rentrent et comptent leurs sous*: Il y a 387 Francs dans le vieux* chapeau _______ grand-père de Philippe. Très bien!

* *le keyboard* = das Keyboard; *le chapeau* = der Hut; *compter ses sous* = Kassensturz machen; *vieux* = alt

3 Mengenangaben leicht gemacht

Mengenangaben kannst du auf zweierlei Art und Weise machen: Entweder du nennst die Menge genau (eine Flasche, ein Kilo, drei Pfund von irgendetwas) oder du weißt es nicht ganz genau (einige, viel(e), wenig(e)).

Aufgepasst! Zwischen der Mengenangabe und dem folgenden Nomen steht, wie ein **Signal** für die Mengenangabe, immer ***de*** oder ***d'*** vor Vokal.

Tipp

Für die Bezeichnung genauer Mengen hast du (im Augenblick) folgende Ausdrücke:

Mengen-Nomen

une boîte de	eine Dose …
une bouteille de	eine Flasche …
un carton de	ein Karton …
un kilo de	ein Kilo…
un paquet de	ein Paket…
un sac de	ein Sack, eine Tasche …
une tablette de	eine Tafel …

Und wenn du die Menge nicht genau weißt …

Mengenadverbien

assez de	genug/genügend …
beaucoup de	viel(e) …
combien de	wie viel(e) …
peu de	wenig(e) …
trop de	zu viel(e) …

7. Der Computer hat einen „Mengensalat“ fabriziert. Bringe ihn in Ordnung und schreibe eine Korrekturliste.

un paquet d'orangina

un verre de spaghetti

un kilo de vin rouge

trois semaines de chocolat

une bouteille de vacances

une tablette de bananes

Korrekturliste:

une bouteille de ______________________

____

____

____

____

____

G Ein kurzer Zwischenspurt mit wichtigen Verben

1 Die regelmäßigen Verben auf *-dre*: *répondre, attendre* und Gleichgesinnte

Damit du nicht das Gefühl hast, die Verben stehen in den Sternen, wollen wir auf dem Boden der Verb-Tatsachen bleiben und dieses Problem ganz schnell lösen. Schau zuerst einmal auf unseren Spicker.

> **Verbendungen der Verben auf *-dre*:**
>
> *-s, -s, -d, -ons, -ez, -ent*

Die Pluralendungen funktionieren also ganz „normal", im Singular musst du immer darauf achten, dass 1. und 2. Person „optisch gleich" aussehen.

répondre – antworten

je	réponds
tu	réponds
il, elle	répond
nous	répondons
vous	répondez
ils, elles	répondent

Imperative

Réponds.
Répondons.
Répondez.

Die übrigen Verben auf *-dre* konjugierst du genauso; für die folgenden Übungen musst du dir diese wenigen Verben merken:

attendre qn	auf jemanden warten;
descendre	aussteigen;
perdre qc	etwas verlieren;
rendre qc à qn	jemandem etwas (zurück)geben;
répondre à qn	jemandem antworten

1. **Trage jeweils die fehlenden Formen ein.**

répondre	perdre	attendre	descendre	rendre
	je perds			
		tu attends		
			elle descend	
				nous rendons
ils répondent				

2. **Verbinde die vorgegebenen Satzteile mit dem passenden Verb in der richtigen Form.**

Tipp Übersetze die Teile zur Kontrolle, dann bist du sicher vor „Satzsalat".

attendre
répondre

- Les élèves de la 3eD …
- Le directeur passe dans la salle des profs et pose une question à M. Noble qui …
- Puis, M. Noble dit à* ses élèves: «…
- Les filles commencent à travailler et …
- Un garçon …

- … leur professeur M. Noble.
- … tout de suite.
- … dans la salle de classe. Voilà la clé.»
- … aux questions de biologie.
- … derrière la porte et ses copains font des bêtises*.

* *M. Noble dit à …* = Herr Noble sagt zu …; *les bêtises* = Unfug, Dummheiten

3. Hausaufgaben oder Freizeitvergnügen? Setze in den folgenden Text die richtigen Verbformen von *attendre*, *descendre*, *perdre* und *répondre* ein.

Il y a toujours des devoirs à faire.

Julie et Céline sont chez les Schneider. Elles regardent des livres, Caroline fait ses devoirs, mais elle ne ________________ **(répondre)** pas aux questions d'anglais. Elle demande à Julie et à Céline comment ça marche*. Ses amies

* wie es funktioniert

______________ **(répondre)** vite et expliquent le vocabulaire. Les filles travaillent. Puis leurs frères arrivent.

Philippe: «Mais Julie, nous ________________ **(attendre)** depuis une demi-heure dans la rue. Qu'est-ce que vous ______________________ **(attendre)** pour venir jouer?»

Sebastian: «Ne ________________ **(perdre)** pas votre temps avec les devoirs, les filles. Pourquoi est-ce que vous ne _______________ **(descendre)** pas avec nous? Les autres ___________________ **(attendre)** aussi.»

Caroline: «Tu _________________ **(perdre)** ton temps, Sebastian, j'ai un test demain!»

Philippe: «Alors, Caroline, nous _________________ **(descendre)** et toi, tu _____________ **(répondre)** à tes questions. C'est bête, mais c'est comme ça.»

Julie: «Moi aussi, je reste là. J(e) _______________ **(attendre)** la fin des devoirs de Caroline. Puis, nous allons jouer ensemble!»

Tipp Achtung! Nur die Endungen ***-ons*** und ***-ez*** kannst du beim Sprechen hören.

Die letzten Prüfungen im Schuljahr stehen an. Alle lernen, nur Philippe kämpft mit einem Problem besonderer Art.

4. **Setze die passenden Formen von *perdre*, *rendre* und *répondre* ein.**

Les derniers jours, les amis ont toujours les têtes dans les livres parce que les examens arrivent. On travaille ensemble et on ne parle pas. Tout à coup, Philippe crie:

Philippe: «Je ne trouve plus mon livre rouge!»

Julie ______________ **(répondre)**: «Tu ___________ **(perdre)** toujours tes livres.»

Philippe: «Mais c'est le livre de mon prof!»

Les amis ne __________________ **(perdre)** pas une minute et cherchent partout.

Madame Schneider passe et demande: «Qu'est-ce que vous cherchez? Le livre rouge que le chien des voisins mange en ce moment*?»

Philippe: «Oh, oh, mon prof me _____________ **(rendre)** service et moi, je _______________ **(perdre)** son livre; et maintenant, je ne peux* pas _______________ **(rendre)** le livre!»

Caroline: «Alors, mes amis, nous ne __________________ **(perdre)** pas notre temps avec des discussions. Nous achetons un livre et nous _________________ **(rendre)** le nouveau livre au prof. Et nous _________________ **(répondre)** à ses questions et racontons l'histoire.»

* *en ce moment* = in diesem Augenblick; *je peux* = ich kann

2 Sie tanzen aus der Reihe: *prendre* und *mettre*

Sieh bei *prendre* kurz auf unseren Spicker, dann stellst du den Unterschied zu den regelmäßigen Verben auf *-dre* fest:

prendre – nehmen

je	prends
tu	prends
il, elle	prend
nous	prenons
vous	prenez
ils, elles	prennent

Imperative

Prends.
Prenons.
Prenez.

5. **Setze die richtigen Formen von *prendre* ein, dann erfährst du eine besondere Feriengeschichte: Jedes Jahr macht M. Pluto die gleiche Reise.**

a) Pendant les vacances, je		a) ma fusée* et mon chien avec moi et nous partons*.
b) D'abord, nous		b) la direction TERRA-LUNA347
c) Puis, on	**prendre**	c) des photos de la planète*.
d) On regarde les petits bonhommes de la lune* qui		d) leurs petites voitures et attendent les touristes.
e) Est-ce que vous		e) aussi vos vacances pour surfer* deux semaines sur Internet?

* *la fusée* = die Rakete; *nous partons* = wir fahren los; *la planète* = der Planet;
les petits bonhommes de la lune = die kleinen Mondmännchen;
surfer sur Internet = im Internet surfen

Tipp Das Verb ***comprendre*** funktioniert ebenso wie ***prendre***.

Das Verb *mettre* tanzt ganz aus der Reihe. Hier musst du bei allen Formen gut aufpassen.

mettre – setzen, stellen, legen

je	mets
tu	mets
il, elle	met
nous	mettons
vous	mettez
ils, elles	mettent

Imperative

Mets.
Mettons.
Mettez.

In der folgenden Übung kannst du die Formen gleich anwenden.

6. **Setze die passenden Formen des Verbs *mettre* ein.**

Un dimanche devant la Tour Eiffel avec la famille.

a) Philippe ____________________ ses lunettes de soleil*.

b) Les garçons ____________________ leurs skateboards sur un banc.

c) Mme Schneider: «Est-ce que vous ____________________ vos casques?»

d) Grand-mère et grand-père: «Nous ____________________ nos chaises à l'ombre*.»

e) Caroline explique: «Je ____________________ mon casque rouge et toi?»

f) Julie répond: «Non, toi, tu ____________________ le casque bleu et moi, je prends le rouge.»

* *les lunettes de soleil* = die Sonnenbrille; *à l'ombre* = im Schatten

3 Die unregelmäßigen Verben: *pouvoir* und *vouloir*

Pouvoir und ***vouloir*** sind wie Zwillinge, sie gehören zusammen und funktionieren nach dem gleichen Grundmuster.

vouloir – wollen	
je	veux
tu	veux
il, elle	veut
nous	voulons
vous	voulez
ils, elles	veulent

pouvoir – können	
je	peux
tu	peux
il, elle	peut
nous	pouvons
vous	pouvez
ils, elles	peuvent

7. Die Transport-Box ist unterwegs von der Post gut durchgeschüttelt worden. Finde heraus, welche Verbformen sich hier verstecken. Schreibe die Formen richtig herum auf und setze jeweils das passende Personalpronomen dazu.

a) ______________________
b) ______________________
c) ______________________
d) ______________________
e) ______________________
f) ______________________
g) ______________________
h) ______________________
i) ______________________
j) ______________________

a) tnevuep
b) xeuv
c) snovuop
d) zeluov
e) tuev
f) zevuop
g) tneluev
h) xuep
i) tuep
j) zeluov

Tipp

Nach ***pouvoir*** und ***vouloir*** steht ebenso wie im Deutschen der Infinitiv, z.B.:

*je veux **jouer***	ich will **spielen**
*tu veux **faire** de la musique*	du willst Musik **machen**

8. Setze die angegebenen Verbformen in Großbuchstaben in unser Kreuzworträtsel ein. Mit wem die Freunde in Urlaub fahren, erfährst du, wenn du die fett umrandeten Buchstaben in die richtige Reihenfolge bringst.

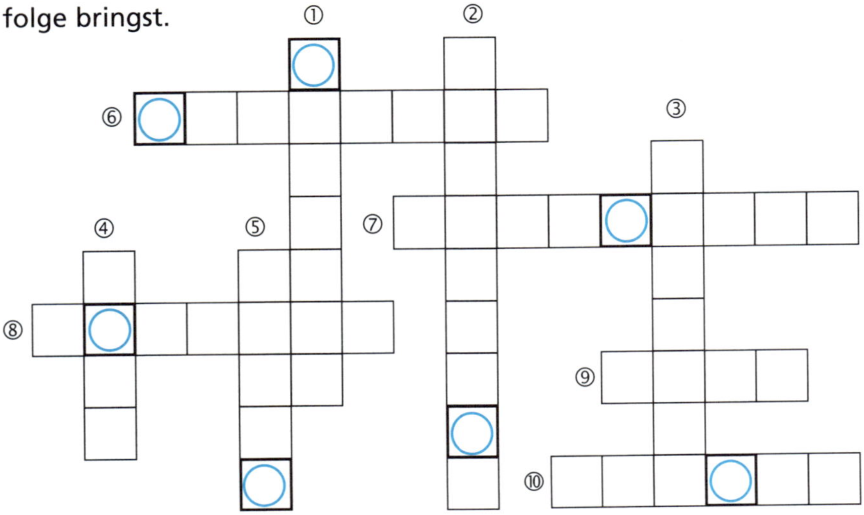

Senkrecht:
① 1. Pers. Plural von *perdre*
② 3. Pers. Plural von *répondre*
③ 3. Pers. Plural von *rendre*
④ 2. Pers. Singular von *mettre*
⑤ 1. Pers. Singular von *rendre*

Waagerecht:
⑥ 2. Pers. Plural von *attendre*
⑦ 2. Pers. Singular von *comprendre*
⑧ 3. Pers. Plural von *pouvoir*
⑨ 3. Pers. Singular von *vouloir*
⑩ 2. Pers. Plural von *mettre*

Lösungswort: *Les amis passent leurs vacances avec leurs* ____________________.

Und nun zum Schluss dieses Kapitels eine letzte Übung mit einigen Informationen für die Pariser Spürnasen: Was wissen wir denn von dem mysteriösen Monsieur Réverbère, seiner Firma und seinem Verschwinden?

Die Mädchen haben Mme Tatu mit nach Hause zum Abendessen gebracht, wo alle zusammen Kriegsrat halten.

9. Setze die richtigen Verbformen ein.

Mme Tatu raconte:

Interpol ______________ **(pouvoir)** nous donner une information très intéressante:

Il y a une dame qui explique: *(und sie liest vor, was auf ihrem Zettel steht)*

«Un jour, j(e) ______________ **(attendre)** mon ami devant la porte de ma maison, rue Riquet, no.13. Un jeune homme ____________ **(arriver)** et ____________ **(demander)**: «Où est le métro, s'il vous plaît?»

Je ____________ **(répondre)** et je ____________ **(donner)** un plan de la ville à ce monsieur sympathique. Il ______________ **(prendre)** le plan, il ______________ **(regarder)** et il ______________ **(rendre)** le plan avec un «merci, Madame.» Puis il ______________ **(prendre)** la direction du métro.

Tout à coup, deux voitures ______________ **(arriver)**, deux hommes ______________ **(descendre)** et ______________ **(vouloir)** parler avec le jeune homme qui ______________ **(commencer)** à courir*.

* *courir* = laufen, rennen

Les deux hommes ______________ **(commencer)** aussi à courir.

Un bus ____________ **(passer)**, le jeune homme ____________ **(monter)** vite

et les deux hommes ____________ **(rater*)** le bus qui tourne à droite dans la

rue de la Chapelle. Puis les hommes ________________ **(prendre)**

leurs voitures. Je ne ____________ **(comprendre)** pas les gens.

Est-ce que vous ____________ **(pouvoir)** expliquer pourquoi le

jeune homme ne ____________ **(vouloir)** pas parler avec les hommes?»

Die Freunde wissen es nun: Zwei Männer verfolgen Maximilian bereits. Es sind bestimmt Gauner von der Konkurrenz, die ihn da fast erwischt hätten.

Mme Tatu: «Nous ne ____________ **(pouvoir)** pas ____________ **(attendre)**.

Vous ____________ **(comprendre)** que M. Réverbère est en danger*.»

* *rater* = verpassen; *en danger* = in Gefahr

H Die Verneinung

1 Die Verneinung des „normalen" Aussagesatzes mit *ne … pas*

Die Verneinung besteht immer aus zwei Wörtern; z. B. *ne … pas*.

ne | konjugierte Verbform | *pas*

Beispiele: *Philippe* ***travaille****?* → *Non, il* ***ne travaille pas****.*
Verb

Philippe ***va*** *travailler demain?* → *Non, il* ***ne va pas*** *travailler.*
Verb

Denk immer daran und wundere dich nicht: Vor **Vokal** und **stummem *h*** wird ***ne*** zu ***n'*** verkürzt:
Il ***n'****arrive pas à l'école, parce qu'il* ***n'****a pas quitté* son lit.*

Tipp

* *quitté* = verlassen

Caroline hat schlechte Laune. Luc bietet ihr verschiedene Unternehmungen an, aber sie lehnt immer ab. Was sagst du an Carolines Stelle?

1. **Unterstreiche in Lucs Teil immer die konjugierte Verbform und bilde dann Carolines verneinte Sätze.**

Beispiel:	**Luc:**	**Caroline:**
☺	*Ça va, Caroline?*	*Non, ça ne va pas.* ☹

Jetzt bist du dran.

a)	Tu as soif, Caroline?	Non, ________________.
b)	Tu joues avec moi, Caroline?	Non, ________________.
c)	Nous allons au bord de la Seine?	Non, ________________.
d)	Tu aimes faire la cuisine avec moi?	Non, ________________.
e)	Tu vas au marché avec maman?	Non, ________________.
f)	Nous regardons la télé ensemble?	Non, ________________.
g)	Nous allons manger?	Non, ________________.
h)	Mais Caroline! Tu es bête!	Non, ________________, je suis une idiote! ☺

Tipp

Willst du einem verneinten Satz widersprechen, so verwendest du ***si***.
*Tu ne travailles pas? **Si***. (Doch!)

2. **Versetze dich an Philippes Stelle und gib die passenden Antworten.**

A l'hôpital. Philippe a mal au ventre. Alors, il va à l'hôpital. Le docteur et l'infirmière posent des questions. Philippe répond.

	Infirmière:	**Philippe:**
a)	Tu as faim?	Non, je ________________.
b)	Tu as soif?	Non, je ________________.
c)	Tu aimes les sucettes?	Non, je ________________.
d)	Tu aimes l'école?	Non, je ________________.
e)	Tu aimes les mathématiques?	Non, je ________________.
f)	Tu vas passer un test demain?	Oui, j(e) ________________.

Umgekehrt:

	Philippe:	**Docteur:**
g)	Je vais rester ici, docteur?	Non, tu ______________________. Tu es en bonne santé. Mais rentre à la maison, fais tes devoirs et travaille pour le test.

3. **Eine verschlüsselte Botschaft von M. Réverbère auf einem zerknüllten Fetzen Papier. Fast hätte Madame Schneider ihn ungelesen ins Altpapier geworfen.**
Setze die Satzteile so zusammen, dass die Information verständlich wird.

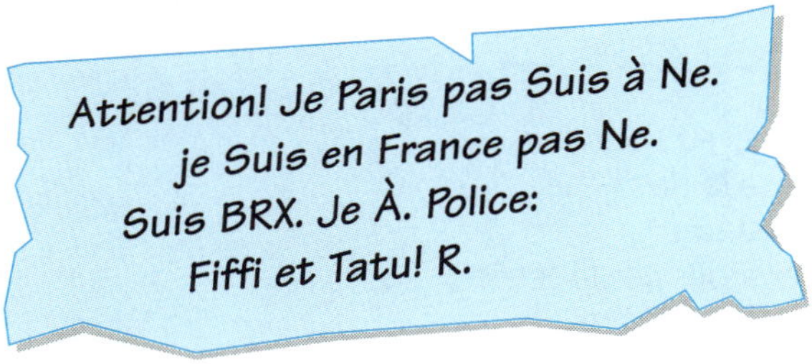

Doch bedeutet dies nun, dass die Freunde Monsieur Fiffi und Mme Tatu informieren sollen oder etwas anderes? Und wo liegt Brx? Caroline ist begeistert. Sie kennt die Abkürzung Brx. Es ist die Hauptstadt eines kleinen Nachbarlandes von Frankreich. Somit sind die Freunde ein gutes Stück weiter. Sie wissen, wohin Monsieur Réverbère eventuell gegangen sein könnte.

Schau in dein Lehrbuch, dort findest du bestimmt eine Karte, in der du die gesuchte Stadt ausgeschrieben siehst. **Tipp**

2 Die Verneinung des Imperativs

Wie du siehst, sind auch die Befehlsformen konjugierte Verbformen; du bildest sie in der 2. Person Singular *(Regarde.)* und Plural *(Regardez.)* und in der 1. Person Plural *(Regardons.)*. Also ist klar, wo die Verneinungswörter stehen müssen:

Die Verneinungswörter stehen beim verneinten Imperativ immer vor und nach der konjugierten Verbform:
Ne flirtez pas avec les crocodiles.

Was sollt ihr in der Schule alles nicht tun?

4. **Schau auf das Verbotsschild in Julies Klassenzimmer und bilde die verneinten Imperative in der 2. Person Plural; wie sieht das Schild dann richtig aus?**

a) jouer au foot dans la salle de classe
b) bavarder
c) regarder par la fenêtre
d) jouer aux cartes
e) oublier vos devoirs
f) dessiner au tableau
g) copier sur votre voisin*
h) rêver*
i) flirter en classe

* *copier sur le voisin* = vom Nachbarn abschreiben; *rêver* = träumen

a) ______________________________

b) ______________________________

c) ______________________________

d) ______________________________

e) ______________________________

f) ______________________________

g) ______________________________

h) ______________________________

i) ______________________________

Doch nun zurück zu unseren Freunden. Sie wissen mittlerweile, dass M. XY als Detektiv für die Firma „Minicomputel" arbeitet und M. Réverbère sucht, um ihm zu Hilfe zu eilen.

5. **Was sollen die Freunde bei ihrer Suche nach M. Réverbère nicht tun? M. XY gibt telefonisch genaue Anweisungen. Schreibe eine Liste mit den verneinten Imperativen.**

a) ________________________________. (téléphoner à la police)

b) ________________________________. (raconter l'histoire à un journaliste)

c) ________________________________. (regarder le texte sur la disquette)

d) ________________________________. (informer M. Fiffi)

e) ________________________________. (aller à Bruxelles)

3 Die Verneinung mit *ne … plus, ne … jamais, ne … rien*

Wenn du bei der Verneinung mit ***ne … pas*** an die Stelle von ***pas*** ein anderes Verneinungswort setzt, ändert sich die Bedeutung des Satzes.

Verneinung:		Bedeutung:
ne … pas	→	nicht
ne … plus	→	nicht mehr
ne … jamais	→	nie
ne … rien	→	nichts

Ansonsten ändert sich nichts, die Verneinung bleibt, wie sie ist:

ne	konjugierte Verbform	*pas* *jamais* *rien*

Beispiel: *Je ne travaille jamais.*

6. Verneine die folgenden Sätze mit den angegebenen Verneinungswörtern.

Julie raconte:

a)	Mon frère est au collège François-Villon.	(ne … plus)
b)	Il aide maman.	(ne … jamais)
c)	Notre voisin téléphone à mon père.	(ne … jamais)
d)	Mes amies travaillent pour la fin de l'année scolaire.	(ne … plus)
e)	Le bébé de ma tante fait dodo (= heia, heia).	(ne … jamais)
f)	Et ma grand-mère mange bien.	(ne … plus)

a) ______________________________

b) ______________________________

c) ______________________________

d) ______________________________

e) ______________________________

f) ______________________________

7. Überprüfe, ob die neuen Verneinungswörter auch beim Übersetzen sicher „sitzen".

Auf dem Markt.

a) Seit 2 Jahren gehe ich nicht mehr in den Supermarkt.
b) Am Gemüsestand zahle ich nie mit 1000-Franc-Scheinen.
c) Frau Morel hebt die Preise nie an.
d) Die Tüten* kosten nichts.
e) Meine Mutter will nicht mehr in die Stadt fahren, um Einkäufe zu machen*.

*Die Tüten = *les sacs;* Einkäufe machen = *faire les courses*

a) ______________________________

b) ______________________________

c) ______________________________

d) ______________________________

e) ______________________________

4 Die Verneinung der Mengenangaben

Bei den Mengenangaben hast du gesehen, dass diese immer mit ***de*** gebildet werden:

beaucoup **de** *travail,*
trop **de** *devoirs,*
peu **de** *vacances,*
un kilo **de** *fraises, …*

Auch wenn du **keine** Äpfel, **keine** Äpfel **mehr**, … hast, geht es ja um eine Menge – eine, die eben **nicht (mehr)** vorhanden ist. Und so kann man alle Verneinungswörter, die du im Moment kennst, auch bei den Mengenangaben einsetzen.

Verneinte Mengenangaben

Nous n'avons	pas de (lait).	kein(e)
	plus de (confiture).	kein(e) mehr
	jamais d'olives.	nie
	rien d'intéressant.	nichts

Probiere die verneinten Mengen gleich aus:

8. Verneine die Sätze mit den angegebenen Verneinungswörtern.

Le pauvre M. Ahmed. Un samedi matin au magasin.

a) A 7 heures 30, M. Ahmed a des bananes. (ne … plus)
b) Sa fille cherche des oranges. (ne … pas)
c) Son fils met des artichauts sur l'étagère. (ne … jamais)
d) Mme Ahmed trouve des baguettes dans le carton. (ne … pas)
e) Et les clients vont dans le magasin des Ahmed. (ne … plus)

Ouf! – C'est seulement un cauchemar*!

a) ______________________________

b) ______________________________

c) ______________________________

d) ______________________________

e) ______________________________

* *un cauchemar* = ein Alptraum

Sebastian und Philippe zelten am Wochenende im Garten der Großeltern. Nach zwei Tagen herrscht ein riesiges Chaos, in dem sie nichts mehr finden.

9. Verneine die Sätze mit den in Klammern angegebenen Verneinungswörtern.

a) Sebastian: Est-ce que tu as un sac pour moi?

Philippe: Non, je ______________________________.
(ne … pas)

b) Sebastian: Est-ce que tu as un pullover pour moi?

Philippe: Non, je ______________________________.
(ne … pas)

c) Sebastian: Est-ce que tu as un sandwich pour moi?

Philippe: Non, je ______________________________.
(ne … plus)

d) Sebastian: Est-ce que tu as une bouteille d'eau minérale pour moi?

Philippe: Non, je ______________________________.
(ne … plus)

e) Sebastian: Est-ce que tu as une cassette pour moi?

Philippe: Non, je ______________________________.
(ne … pas)

f) Sebastian: Est-ce que tu as une idée?

Philippe: Non, je ______________________________.
(ne … plus)

Sebastian: Alors, qu'est-ce qu'on fait?
Philippe: On va chez grand-mère et demande si elle veut bien nous accueillir (= aufnehmen) chez elle.

10. Verneinte und bejahte Mengenangaben aller Art. Setze die am Rand angegebenen Begriffe ein.

Ein Krokodil beschwert sich: «La vie des crocodiles n'est pas facile.»

Nous avons ______________ amis. **(peu de)**

Il y a ________________ gens qui ont peur de nous. **(assez de)**

Et il y a ____________________ enfants qui crient «ieh» **(beaucoup de)**

quand ils nous regardent.

Nous ne mangeons ____________ tartes aux pommes, mais	**(pas de)**
________________ légumes.	**(trop de)**
Mais le pire* à Paris, c'est l'eau: Il n'y a ________________	**(plus de)**
poissons* dans la Seine, il n'y a ______________ plantes	**(plus de)**
et il n'y a ________________ intéressant dans l'eau.»	**(rien de)**

Pauvre Odile!

* *le pire* = das Schlimmste;
le poisson = der Fisch

5 Die Ausnahmen bei *être* und *aimer*

Wenn du *être* verneinst, steht danach kein *de*! Alles bleibt, wie es ist.

Die **Beispiele** zeigen es dir:

*C'**est une** baguette?*	*Non, ce **n'est pas une** baguette, c'est un sandwich.*
*Julie **est un** garçon?*	*Non, ce **n'est pas un** garçon, c'est une fille.*
*Ce **sont nos** patins?*	*Non, ce **ne sont pas vos** patins, ce sont les patins de Philippe.*

11. **Eine neue Schülerin, Miriam, kommt in die Klasse und stellt viele Fragen. Antworte mit dem verneinten Satz.**

	Question de Myriam:	**Ta réponse:**
a)	Est-ce que vous êtes des champions en mathématiques?	Non, nous ________________________ ________________________.
b)	Est-ce que tu es la sœur de Julie?	Non, je ________________________ ________________________.

c) Est-ce que ce sont les parents qui font le repas à midi? — Non, ce ______________________________.

d) Est-ce que c'est la salle de ma classe? — Non, ce ______________________________.

e) Est-ce que ce sont les photos de tes copains? — Non, ce ______________________________.

f) Est-ce que ce sont mes cahiers? — Non, ce ______________________________.

> Wenn du *aimer* verneinst, steht danach kein *de* und kein unbestimmter Artikel, sondern immer der bestimmte Artikel, auch bei der Verneinung.

Beispiel:

*Vous **aimez les** crocodiles?* — *Non, nous n'aimons **pas les** crocodiles.*

12. Verneine die Sätze mit dem Verb *aimer*.

Caroline raconte:

J'aime →
a) mes sandwichs au jambon.
b) les bêtises de mon frère.
c) mon école.
d) les contrôles de français.
e) les yeux de mon professeur.

a) ______________________________.

b) ______________________________.

c) ______________________________.

d) ______________________________.

e) ______________________________.

I Die Adjektive

1 Männliche und weibliche Formen

So wie es männliche und weibliche Artikel gibt, so gibt es natürlich auch männliche und weibliche Adjektive zu den männlichen oder weiblichen Nomen.

Beispiele:	*une* weiblich	*fille* weiblich	*intéressant**e*** weiblich
	un männlich	*garçon* männlich	*intéressan**t*** männlich
oder:	*La* *Le*	*fille est* *garçon est*	*joli**e**.* *joli.*

Adjektive richten sich immer nach dem Nomen, auf das sie sich beziehen. Genus (Maskulinum oder Femininum) und Numerus (Singular oder Plural) von Adjektiv und Nomen müssen immer gleich sein.

Schauen wir uns nun die verschiedenen Formen der Adjektive an.

Adjektive auf *-e* mit nur einer Form für Maskulinum und Femininum

Das sind die einfachsten Adjektive. Sie haben nur **eine Form** für Maskulinum und Femininum.

bête	dumm, blöd	*impossible*	unmöglich
bizarre	seltsam, komisch	*juste*	richtig, gerecht
difficile	schwierig	*malade*	krank
drôle	lustig, witzig	*pauvre*	arm
facile	einfach	*magnifique*	herrlich
fantastique	fantastisch	*sympathique*	sympathisch

(Du musst also nur überprüfen, ob du eventuell ein **Plural** *-s* anhängen musst!
→ Siehe Seite 82 und 84)

1. **Zerteile die Wörterschlange in Nomen und dazugehöriges Adjektiv und setze in deiner Liste den richtigen Artikel davor.**

Folgende Ausdrücke quälen sich den Pass hinauf:

a) ______________________

b) ______________________

c) ______________________

d) ______________________

e) ______________________

f) ______________________

g) ______________________

h) ______________________

i) ______________________

Adjektive mit einem -e in der weiblichen Form

Dies ist die größte Gruppe der Adjektive.

amusant	→	*amusante*	*intéressant*	→	*intéressante*
compliqué	→	*compliquée*	*joli*	→	*jolie*
content	→	*contente*	*mauvais*	→	*mauvaise*
français	→	*française*	*petit*	→	*petite*
grand	→	*grande*	*vrai*	→	*vraie*

Beispiel: *un livre amusant* *une idée amusante*

2. **Setze die Adjektive in der richtigen Form in den Text ein. In Klammern angegeben ist immer die männliche Form, die weibliche musst du selbst bilden.**

Les correspondants de l'Allemagne sont là.

Sabine est une ____________ **(joli)** fille, Jürgen est un garçon ____________________ **(intéressant)**, Sabine est ____________ **(petit)**, Jürgen est ____________ **(grand)**. Le français de Jürgen est ____________________ **(mauvais)**, mais Sabine parle très bien.

Le premier soir, elle raconte sa __________ **(vrai)** histoire de l'arrivée* à Paris sans argent*, sans passeport* et sans Jürgen!

Caroline est ________________ **(content)**, son amie ____________________ **(allemand)** est très sympathique.

Lundi, on va aller à l'école ensemble. Le prof de géographie fait toujours un cours ______________________ **(amusant)** qui n'est jamais ______________________ **(compliqué)**. Et les vacances ne sont plus loin!

* *arrivée* = Ankunft; *argent* = Geld; *passeport* = Pass

Tipp

Wenn du dir nicht sicher bist, wie ein Adjektiv die männliche und weibliche Form bildet, brauchst du nur im Vokabelverzeichnis deines Schulbuchs nachzusehen.

Adjektive mit besonderen Formen

Besondere Adjektivformen:

männlich:	weiblich:
bon	*bonne*
dangereux	*dangereuse*
faux	*fausse*
fou	*folle*

3. Binde den Luftballon mit dem Adjektiv jeweils an den Zettel mit dem Nomen und vervollständige die Adjektivform.

une orange:	une phrase:	un chemin:	une surprise:
______	______	______	______

Singular und Plural bunt gemischt:

Beispiele: *Jürgen est un grand garçon.*
Sabine est une petite fille.

Sebastian et Jürgen sont des grands garçons.
Caroline et Sabine sont des petites filles.

Plural der Adjektive:
-s an das Adjektiv anhängen!

4. **Gehe vor wie in Übung 3, nur musst du hier die Adjektive in den Plural setzen.**

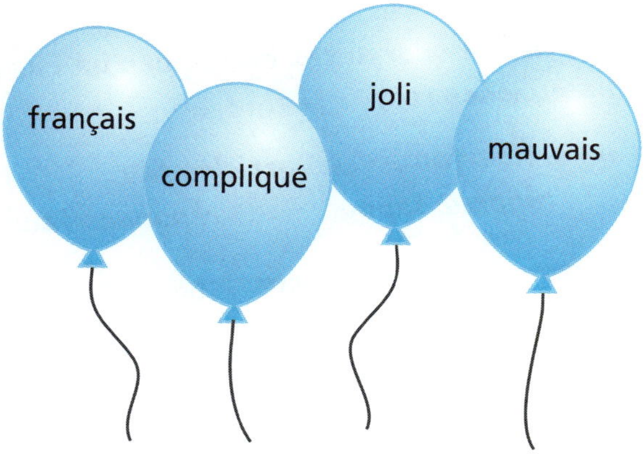

des oranges:	des phrases:	trois voitures:	des surprises:
____________	____________	____________	____________

Und nun Anlauf zur gemischten Übung:

5. **Maskuline und feminine Formen im Singular und Plural – jetzt musst du dich entscheiden.**

La classe de Caroline est ________________________. Les	**(content)**
correspondants __________________ sont là, les cours sont	**(allemand)**
plus _______________________ maintenant.	**(intéressant)**
On parle de la ____________ ville de Berlin,	**(grand)**
des ______________ villes et de la circulation*	**(petit)**
____________________ dans les _____________ capitales*.	**(dangereux/grand)**
A Paris aussi, la circulation est _______________.	**(fou)**
Sabine parle de ses amies ___________________________.	**(allemand)**
Les élèves ______________ posent des questions, et Jürgen	**(français)**
donne des réponses ___________________________.	**(amusant)**

* *la circulation* = der Verkehr; *la capitale* = die Hauptstadt

Beim letzten Satz und dem Adjektiv *français* hast du bestimmt gezögert. Und du hast richtig entschieden, wenn du im Plural kein weiteres -*s* angehängt hast.

Adjektive auf -s oder auf -x bekommen im Plural kein zusätzliches -s.

un article faux – des articles faux
aber: une réponse fausse – des réponses fausses

6. Setze die Adjektive aus den Schüttelkästen in der richtigen Form in die Lücken.

Pendant la récréation, les élèves discutent dans la cour avec leurs amis.

sympathique	noir	allemand
joli	amusant	cher

dangereux	bon	fantastique	
grand	joli	mauvais	bon

	Les amis:	**Sabine et Jürgen:**
a)	Est-ce que vos profs sont ____________?	Oh, il y a des ____________ profs, et il y a aussi des ____________ profs.
b)	Est-ce que les filles ____________ sont ____________?	Oh, il y a aussi des ____________ garçons!
c)	Qu'est-ce que c'est, la «Forêt ____________»?	C'est une ____________ forêt dans le sud de l'Allemagne.
d)	Ma ____________ Sabine, est-ce que je peux t'inviter pour un rendez-vous ____________ à la Tour Eiffel?	Oh, Philippe, cela va être ____________ pour toi, je monte toujours à pied. Mais j'ai une ____________ idée: Nous voulons bien visiter les églises ____________ de Paris.

Außerdem gibt es ein paar Adjektive, die **absolut unveränderlich** sind, also weder im Geschlecht noch im Numerus angeglichen werden.

Unveränderliche Adjektive

extra – super – sympa

Tipp

Bezieht sich ein Adjektiv gleichzeitig auf ein maskulines und ein feminines Nomen, so steht es **immer** (!) in der maskulinen Form.
Beispiel: *Sur la place, il y a* ***un*** *garçon et* ***1000*** *fille**s** allemands.*

2 Die Stellung der Adjektive im Satz

Stellung der Adjektive

Normalerweise: hinter dem Nomen, auf das sie sich beziehen.

Ausnahmen

Vor dem Nomen stehen:
bon / mauvais
petit / grand
joli / cher

Beispiele:

C'est une correspondante ***sympathique****.* → Adjektiv **hinter** dem Nomen
C'est une ***bonne*** *idée.* → Adjektiv **vor** dem Nomen

7. Verbinde die Satzteile und stelle das Adjektiv in der richtigen Form an die richtige Stelle – *vor* oder *hinter* das Nomen, auf das es sich bezieht.

Les amis parlent toute la nuit de …

a) … leurs profs – allemand – et de leurs profs – français
b) … leurs animaux – petit
c) … un cinéma – bon – où il y a – des films – français
d) … des repas – mauvais – à la cantine de l'école
e) … des sucreries – bon – de la boulangerie d'en face
f) … des vues – magnifique – de la Tour Eiffel et du Sacré-Cœur
g) … des vacances – grand – au bord de la mer*

* *au bord de la mer* = am Meer

J Der französische Satz und die Objektpronomen

1 Der Aussagesatz mit einem direkten und einem indirekten Objekt

Stelle dir vor, du schaust im Wörterbuch nach, wie man „jemandem etwas geben" im Französischen ausdrücken könnte. Du findest *donner qc à qn*. Damit könntest du vielleicht einen Satz bilden wie: *Astérix donne une tomate à Obélix*. In diesem Satz gibt es neben dem **Subjekt** *(Astérix)* und dem **Prädikat** *(donne)* noch **zwei Objekte**: ein **direktes** und ein **indirektes**. Die folgende Übersicht zeigt dir, worauf es ankommt:

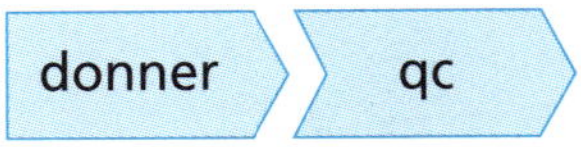

quelque chose (z.B. *une tomate*) **schließt direkt an** das Verb an, also ist *une tomate* ein **direktes Objekt**.

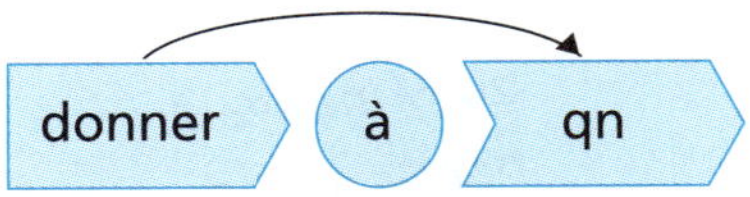

quelqu'un kann nur auf dem „Umweg" über die Präposition, also nicht direkt, sondern nur **indirekt an** das Verb angeschlossen werden, also ist *à Obélix* ein **indirektes Objekt**.

Und wenn du wie bei *donner* ein Verb mit zwei Objekten hast, dann musst du nur noch auf die Reihenfolge achten:

Und fertig ist der „Verb- und Satzbauplan".

Tipp Schreibe alle Verben mit ihrem Bauplan auf Karteikärtchen oder in ein extra Heft und wiederhole sie regelmäßig vor jedem Test. Das erspart Fehler und Frust.

1. Hier findest du eine solche Liste mit Verben und ihrem „Verb- und Satzbauplan". Bilde Sätze mit den angegebenen Verben, indem du das Verb als Prädikat in der richtigen Form an die Stelle des X setzt. Unterstreiche dann die direkten Objekte blau und die indirekten Objekte schwarz.

Beispiele:

installer qc: Julie X l'ordinateur
→ *Julie installe l'ordinateur.*

penser à qn: Sabine X à Julie et à Caroline
→ *Sabine pense à Julie et à Caroline.*

a) appeler qn: Caroline X Philippe

____.

b) quitter qc: Julie X sa chambre

____.

c) regarder qn: Madame Morel X ses enfants

____.

d) apporter qc: les enfants X des baguettes

____.

e) ressembler à qn*: Sabine X à Caroline

____.

f) téléphoner à qn: M. Fiffi X à Interpol

____.

g) donner qc à qn: M. Schneider X des informations – à ses amis

____.

* *ressembler à qn* = jmd. ähneln

Bevor wir weitergehen, wirf einen Blick in die Lösungen auf Seite 122 und kontrolliere, ob du alles richtig hast. Wenn du beim letzten Verb ein Problem mit dem Bauplan hast, dann lies dir noch einmal die Information auf der vorhergehenden Seite durch.

Die **Reihenfolge der Satzglieder im französischen Satz** ist immer gleich:

Subjekt – Prädikat – direktes Objekt – indirektes Objekt

2. **Verbinde die Satzteile zu ganzen Sätzen und richte dich wieder nach dem „Verb- und Satzbauplan“: Unterstreiche wie in Übung 1 die direkten Objekte blau, die indirekten Objekte schwarz.**

a) oublier qc: les copains X leurs devoirs

____.

b) donner qc à qn: grand-mère X un cadeau – à Sebastian

____.

c) expliquer qc à qn: M. Fiffi X le problème – à Mme Tatu

____.

d) montrer qc à qn: grand-père X une disquette – à M. Fiffi

____.

e) passer qc à qn: M. XY X une information – aux copains

____.

f) présenter qn à qn: M. XY X M. Internetz – à M. Fiffi

____.

g) quitter qc: M. Réverbère X la France

____.

h) rendre qc à qn: M. Fiffi X une feuille – à Interpol

____.

i) trouver qc: Interpol X la trace* de M. Réverbère

____.

* *la trace* = die Spur

Und jetzt wollen wir testen, ob du die „Verb- und Satzbaupläne“ im Kopf hast (oder weißt, wo du nachschauen musst). Dazu gehen wir vom Deutschen aus, dann musst du ganz selbstständig deinen französischen Satz bauen – dafür bekommst du aber auch das kleine „Verb- und Satzbaudiplom“.

Familie Schneider will im Urlaub an die belgische Atlantikküste nach Den Haan in ein Ferienhaus fahren. Aus Versehen bekommen sie vom dortigen Reisebüro eine deutsche Antwort auf ihre Anfrage. Caroline übersetzt.

3. Unterstreiche in der französischen Übersetzung wieder die Objekte farbig, wie du es schon in Übung 1 und 2 gemacht hast.

Das Fremdenverkehrsbüro schreibt:

a) Liebe Touristen,
b) Sie suchen ein Haus? – Wir finden ein Haus für Sie.
c) Sie lieben das Meer*? – Im ersten Stock des Hauses haben Sie einen herrlichen Blick auf das Meer.
d) Sie wollen Ausflüge mit dem Boot* machen? – Wir geben unseren Kunden ein kleines Boot.
e) Sie suchen Freunde? – Wir stellen immer die Leute des Dorfes* unseren Kunden vor.
f) Sie haben ein Problem? – Sie rufen unseren Herrn Faitout an und er wird Ihnen sofort helfen.
g) Am Ende Ihrer Ferien geben Sie den Schlüssel* unserem Büro* zurück.
h) Und wie kommen Sie in Den Haan an? – Wir erklären unseren Kunden den Weg und jeder kommt in Den Haan an.

* das Meer = *la mer*; Ausflüge mit dem Boot = *des promenades en bateau (le bateau)*; das Dorf = *le village*; geben = *passer qc à qn*; der Schlüssel = *la clé*; das Büro = *le bureau*

Caroline übersetzt:

a) ______________________________

b) ______________________________

c) ______________________________

d) ______________________________

e) ______________________________

f) ______________________________

g) ______________________________

h) ______________________________

Wie man mit den direkten und den indirekten Objekten in der französischen Sprache noch „jonglieren" kann, zeigt dir der folgende Abschnitt – keine Angst, jetzt wird es wieder viel einfacher.

2 Die direkten Objektpronomen in der 3. Person Singular und Plural: *le, la, les*

„Nanu?" wirst du denken, wenn du die Überschrift liest. Das sollen die direkten Objektpronomen sein?
Stimmt. Das sind die Pronomen, die ein direktes Objekt vertreten. Sie sehen aus wie die bestimmten Artikel, daher tust du dich sicher leicht mit ihnen.

Wie du die direkten Objektpronomen verwendest, zeigen dir die Beispiele:

Tu regardes	***le** cadeau?* direktes Objekt, männlich, Singular	*Oui, je* = *le*	***le** regarde.* direktes Objektpronomen männlich, Singular
Tu manges	***la** tarte?* direktes Objekt, weiblich, Singular	*Oui, je* = *la*	***la** mange.* direktes Objektpronomen weiblich, Singular
Vous rendez	***les** cahiers?* direktes Objekt, männlich, Plural	*Oui, nous* = *les*	***les** rendons.* direktes Objektpronomen männlich, Plural

Vorsicht: Die direkten Objektpronomen *le* und *la* werden **vor Vokal** apostrophiert **zu** *l'*. Daher musst du genau prüfen, worauf sich das *l'* bezieht:

*Je **l'**achète.* → *J'achète **la** BD.*
*Je **l'**achète.* → *J'achète **le** CD.*

Die direkten Objektpronomen in der 3. Person

Singular: *le – la – l'* (vor Vokal)
Plural: *les*

Die einzige Frage, die übrig bleibt, ist: Wohin mit den Objektpronomen im Satz? Die Beispiele geben dir die Antwort:

Stellung der Objektpronomen im Satz

J'aime les crocodiles. → *les*	*Je les aime.*	Pronomen steht vor dem Verb
Je n'aime pas les crocodiles. → *les*	*Je ne les aime pas.*	Pronomen steht vor dem Verb; *les* schiebt sich zwischen *ne* und Verbform

4.

Verbinde die Satzteile zu ganzen Sätzen und ersetze dann die Objekte durch die passenden Objektpronomen.

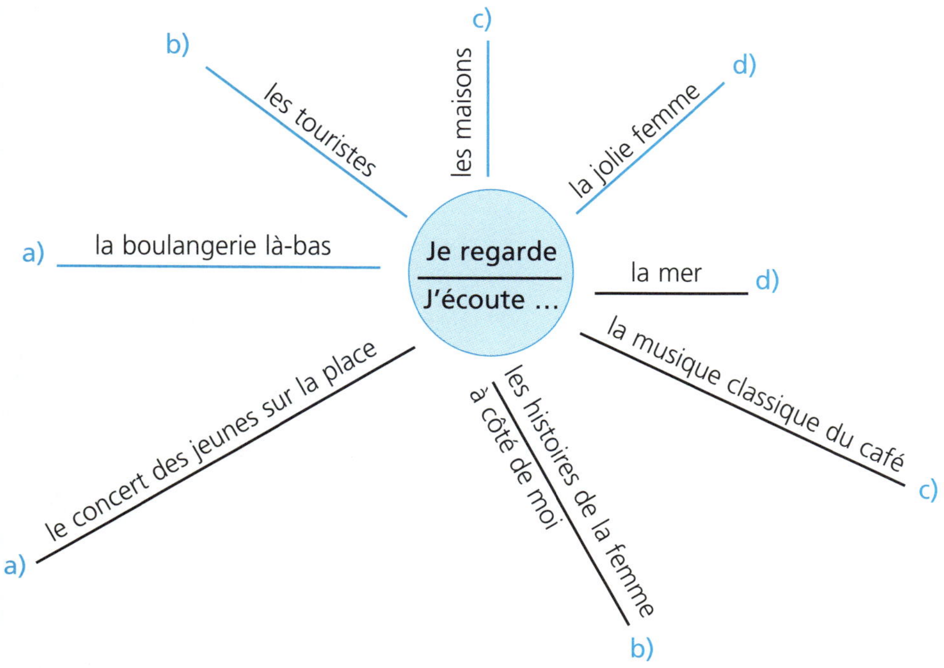

Mme Schneider: «Qu'est-ce que tu regardes, chéri?»
M. Schneider:

a) Je regarde ______________________________.

→ Je ______________________.

b) «Je regarde ______________________________.

→ Je ______________________.

c) Je regarde ______________________________.

→ Je ______________________.

d) Je regarde ______________________________.

→ Je ______________________.

M. Schneider: «Qu'est-ce que tu écoutes, chérie?»
Mme Schneider:

a) J'écoute ______________________________.

→ Je ______________________.

b) J'écoute ______________________________.

→ Je ______________________.

c) J'écoute ______________________________.

→ Je______________________.

d) J'écoute ______________________________.

→ Je ______________________.

Zwei Tage später kommen Philippe und Julie mit ihren Eltern nach. In der Gruppe machen Ferien natürlich gleich viel mehr Spaß.

5. Ersetze das Objekt durch das passende Objektpronomen.

Ferienaktivitäten.

a) Caroline: Je n'aime pas les promenades.

____

b) Julie: J'adore la mer.

____

c) Philippe: Nous préparons la fête pour l'anniversaire de maman.

____

d) Sébastian: Et tu ne perds pas mon skateboard!

____

e) Philippe: Et toi, tu ne dragues pas les filles.

____

f) Julie: Et vous n'oubliez pas les sucreries.

____

g) Caroline: Phil, tu n'imites pas les gens!

____

h) Grand-mère: Vous aimez les frites belges*?

____

* *belge* = belgisch

6. **Ein nächtliches Picknick, bei dem einiges durcheinander geraten ist. Stelle die Ordnung der Sätze wieder her.**

Un pique-nique nocturne*.

a) A onze heures du soir | , ont | rendez-vous | les copains | à la plage* | .

b) un pique-nique | veut | On | faire | , et | dans les dunes* | le | on | fait | .

c) les sacs | portent | Les garçons | , ne | pas | portent | les | les filles | .

d) n'a | qu'on | pas | Est-ce | de sandwichs | ?

e) Si | . garde | Mais on | ne | les | pas | , mange | tout de suite | on | les | .

f) des bananes | prend | Julie | , et | à ses copains | les | elle | passe | .

g) prend | Philippe | la guitare | et | il | à Sebastian | pour un concert nocturne | donne | la | .

h) bien | On | aime | les | , les piques-niques entre copains | .

a) ______________________________

b) ______________________________

c) ______________________________

d) ______________________________

e) ______________________________

f) ______________________________

g) ______________________________

h) ______________________________

* *nocturne* = nächtlich; *la plage* = der Strand; *la dune* = die Düne

Und nun noch die Frage, die du dir wahrscheinlich auch gestellt hast: Was passiert, wenn es mehrere Verben im Satz gibt?
Ganz einfach: Sieh dir die Beispiele an:

Je veux regarder les crocodiles. → *les*	*Je veux les regarder. (regarder qn)*
	Das Pronomen steht vor dem Verb, zu dem es gehört.
Je ne veux pas regarder les crocodiles. → *les*	*Je ne veux pas les regarder. (regarder qn)*
	Das Pronomen steht vor dem Verb, zu dem es gehört, die Verneinung um das konjugierte Verb herum.

7. **Familie Schneider organisiert den Tag. Ersetze wieder die Objekte durch ihre Pronomen.**

Il est 8 heures du matin. La famille Schneider est dans la maison de vacances.

a) Maman et grand-mère veulent préparer **le repas**.
b) Papa va faire **les courses**.
c) Sebastian ne va pas visiter **le musée historique***.
d) Il va inviter **Julie et Philippe** pour manger.
e) Grand-père ne peut pas lire **ses livres**.
f) Il va écouter **les chansons de grand-mère**.
g) Et Caroline et Julie vont laver* **les verres**.

a) ______________________________

b) ______________________________

c) ______________________________

d) ______________________________

e) ______________________________

f) ______________________________

g) ______________________________

* *historique* = historisch; *laver* = waschen

Zum Schluss wollen wir uns noch die Pronomen in der 1. und 2. Person Singular und Plural ansehen.

3 Die Objektpronomen *me, te, nous, vous*

In der 1. und 2. Person Singular und Plural haben wir als Pronomen in beiden Fällen immer ***me, te, nous, vous***. Die Beispiele zeigen dir, wie diese Pronomen eingesetzt werden:

1. und 2. Person Singular

	deutsch:
Est-ce que tu ***me*** *comprends, mon chéri?*	(mich)
Oui, je ***te*** *comprends, ma chérie. Qu'est-ce que tu* ***me*** *racontes?*	(dich) (mir)

1. und 2. Person Plural

	deutsch:
Tu ne ***nous*** *écoutes pas, François?*	(uns)
Si, M. le prof, je ***vous*** *écoute.*	(Ihnen)
Alors, tu ***nous*** *expliques l'exercice de maths?*	(uns)
Je ne peux pas ***vous*** *expliquer le problème, je ne comprends rien.*	(Ihnen)

Stellung der Objektpronomen:

Vor der (konjugierten) Verbform, und wenn der Satz verneint ist, dann schiebt sich das Pronomen zwischen *ne* und Verbform

Und was hast du bei den Beispielen über die Stellung der Pronomen erfahren? – Na, alles bleibt so, wie du es bei den direkten Objektpronomen gelernt hast: Schau noch einmal auf den Spicker auf Seite 95, wenn du auf Nummer sicher gehen willst.

8. **Julie hat sich in den Dünen verlaufen und sucht den Rückweg zum Ferienhaus in Den Haan. Sie trifft ein junges Mädchen namens Sophie, das ihr hilft.**
Setze die Objektpronomen in der 1. und 2. Person Singular ein.

Julie: Pardon, tu peux _____ aider?

Sophie: Oui, bien sûr. Comment est-ce que je peux _____ aider?

Julie: Tu peux _____ expliquer le chemin pour aller à Den Haan, s'il te plaît?

Sophie: Oui, je vais _____ décrire* le chemin. Tu _____ écoutes et tu _____ poses des questions, d'accord?

Julie: Alors, où est-ce que je vais?

Sophie: Tu tournes à droite, puis tu prends la petite rue et tu vas tout droit.

Julie: Merci, Sophie, mais rentre avec moi et je _____ présente à ma famille.

Sophie: D'accord, je _____ accompagne* et tu _____ racontes où tu habites en France.

* *décrire qc* = etw. beschreiben; *accompagner qn* = jmd. begleiten

9. Setze die Objektpronomen in der 1. und 2. Person Plural ein.

a) Aujourd'hui, il y a une fête à Den Haan. Les jeunes de la ville donnent un concert pour les touristes. Les copains écoutent. Julie et Caroline ont faim.

Julie: Tu __________ achètes des merguez, Philippe?

Philippe: Bien sûr. Je __________ achète des merguez et des frites?

Sebastian: Oui, tu __________ prends quatre portions*, Philippe.

Caroline: Et tu __________ achètes aussi une bouteille d'orangina, Phil?

Philippe: Oui, je __________ apporte aussi une bouteille.

b) Les jeunes de la ville invitent Sebastian et Philippe à jouer de la musique parce qu'il n'y a pas assez de joueurs de guitares.

Sebastian: Nous ne pouvons pas __________ aider, nous n'avons pas de guitares.

Philippe: Nous voulons bien __________ rendre service.

Les jeunes: Vous pouvez __________ faire plaisir* et prendre nos guitares. Et après le concert, vous pouvez __________ rendre les instruments.

Alors, les garçons jouent de la musique et les filles mangent quatre portions de merguez avec des frites.

une portion = eine Portion; *le plaisir* = die Freude

K Unregelmäßige Verben

Sie begegnen dir oft und haben ihre Tücken. Hier kannst du sie aber gründlich trainieren.

1 *dire, lire* und *écrire*

dire – sagen

je	dis
tu	dis
il, elle	dit
nous	disons
vous	dites
ils, elles	disent

lire – lesen

je	lis
tu	lis
il, elle	lit
nous	lisons
vous	lisez
ils, elles	lisent

écrire – schreiben

	j'écris
tu	écris
il, elle	écrit
nous	écrivons
vous	écrivez
ils, elles	écrivent

Imperative

Dis.
Disons.
Dites.

Imperative

Lis.
Lisons.
Lisez.

Imperative

Ecris.
Ecrivons.
Ecrivez.

Die **Endungen im Singular** lauten bei allen drei Verben *-s, -s, -t*;
die **Endungen im Plural** sind alle **unregelmäßig**.

1. Vervollständige die Wörter und schreibe immer dazu, um welche Person und welchen Numerus es sich handelt. Es fehlen jeweils ein oder zwei Buchstaben.

Beispiel:	é *c* rit	→	*3. Person, Singular*
a)	écri _ ons	→	______
b)	di _ es	→	______
c)	li _ ez	→	______
d)	écri _ nt	→	______
e)	d _ s	→	______
f)	l _ s	→	______
g)	di _ ns	→	______
h)	éc _ s	→	______

2. Trenne die Wörterschlange an den richtigen Stellen und trage Personalpronomen und dazugehörige Verbform in die Liste unten ein.

a) ______
b) ______
c) ______
d) ______
e) ______
f) ______
g) ______
h) ______
i) ______

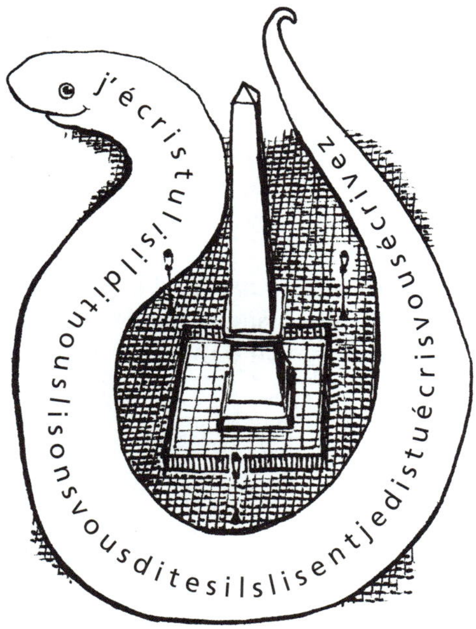

Nicht in der französischen Hauptstadt Paris, sondern in der belgischen Hauptstadt Brüssel machen unsere Urlauber zusammen mit ihrer neuen Freundin Sophie einen Stadtbummel. Es ist „Postkartenzeit".

3. Setze die folgenden Satzteile mit den passenden Verbformen zusammen.

a) Caroline: «Julie, tu …

b) Julie: «Non, j(e) …

c) M. Schneider: «Qu'est-ce que vous …

d) Philippe: «Non, nous n(e) …

e) Puis, les enfants …

écrire

… aussi une carte à ta grand-mère?»

… une petite lettre à ma tante.»

…, les garçons, des bêtises?»

… pas de bêtises, mais les adresses.»

… ensemble une carte postale aux parents de Sophie.

a) ____

b) ____

c) ____

d) ____

e) ____

4. *Dire* oder *lire*, *écrire* oder *décrire*? Und viele andere Verben. Welches passt jeweils in die Lücke? – Vorsicht: Es sind auch Imperative dabei!

A midi, les copains ____________ devant l'Atomium et ils **(attendre)**

____________ les autres touristes. **(regarder)**

Philippe ____________ des bêtises et ____________ les gens. **(faire – imiter)**

Sebastian ____________ dans le prospectus* **(lire)**

qui ____________ l'Atomium: «C'est une construction **(décrire)**

intéressante qui est bien connue* en France.»

Les filles ____________ : «Alors, on la ____________ **(dire – visiter)**

ou pas?»

Sebastian: «_________ donc, papa, est-ce que c'est cher, **(dire)**

les tickets?»

Mais M. Schneider n(e) ____________ pas. M. Schneider et **(écouter)**

Sophie ______________ le chemin de la gare à une jolie dame **(décrire)**

qui ne ____________ pas français. **(parler)**

Tout à coup, Caroline _________ : «Mais c'est M. Réverbère, **(crier)**

là-bas*! ______________, les copains, c'est le monsieur qui **(regarder)**

__________ dans le journal!» **(lire)**

* *le prospectus* = der Prospekt; *connu,e* = bekannt; *là-bas* = dort hinten

Aber bevor sich alle zu M. Réverbère umdrehen, ist er wieder verschwunden. So ein Pech! Dafür beginnt es jetzt spannend zu werden. Die Freunde beschließen nämlich, den genialen Erfinder aufzuspüren – koste es, was es wolle.

2 *voir* und *savoir*

Doch vor der letzten Jagd auf M. Réverbère informiert dich unser „Verb-Spicker" über die Formen der beiden unregelmäßigen Verben *voir* und *savoir*:

voir – sehen	
je	*vois*
tu	*vois*
il, elle	*voit*
nous	*voyons*
vous	*voyez*
ils, elles	*voient*

Imperative
Vois.
Voyons.
Voyez.

savoir – wissen, können	
je	*sais*
tu	*sais*
il, elle	*sait*
nous	*savons*
vous	*savez*
ils, elles	*savent*

Bei den beiden Verben handelt es sich also um „zweierlei Paar Stiefel", sie werden ganz unterschiedlich konjugiert, nur die Singular-Endungen sind gleich: *-s, -s, -t* .

5. Das Kreuzworträtsel hilft dir, die Formen der beiden neuen Verben gleich zu trainieren. Setze ein:

Waagerecht:

① 2. Person, Singular, Imperativ *voir*
② 1. Person, Singular *voir*
③ 1. Person, Plural *voir*
④ 3. Person, Plural, *voir*
⑤ 3. Person, Singular *savoir*

Senkrecht:

⑥ 2. Person, Plural *savoir*
⑦ 1. Person, Plural *savoir*
⑧ 3. Person, Plural *savoir*
⑨ 1. Person, Singular *savoir*

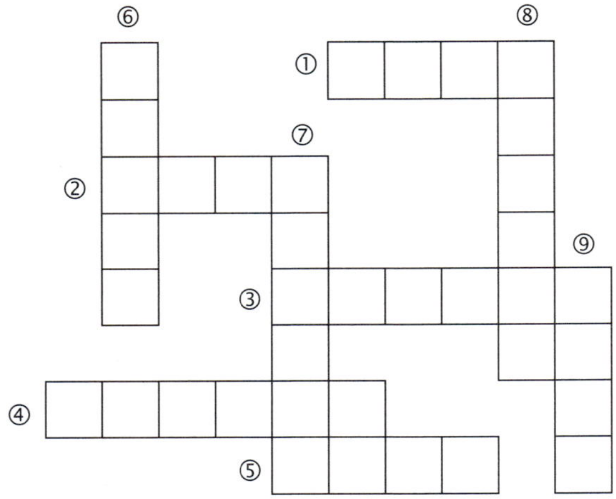

Da die Freunde vermuten, dass M. Réverbère im Atomium verschwunden ist, stürzen sie hinterher – hinauf mit dem Fahrstuhl in die erste Kugel und weiter über Aufzug, Rolltreppen und Treppengänge. Komm mit.

6. Du hast eine Liste Verben zur Verfügung – würfele mit einem Partner um die Wette – oder, wenn du allein spielst, nimm zwei verschieden farbige Würfel: Wer zuerst zweimal rund um das Atomium gelaufen ist, hat gewonnen.

Spielregeln:
Jeder würfelt 3-mal. Wer die höchste Zahl hat, darf anfangen.

Die Zahl, die du dann würfelst, ist wieder die Person des Verbes, die du richtig bilden musst.

je — tu — il, elle — nous — vous — ils, elles

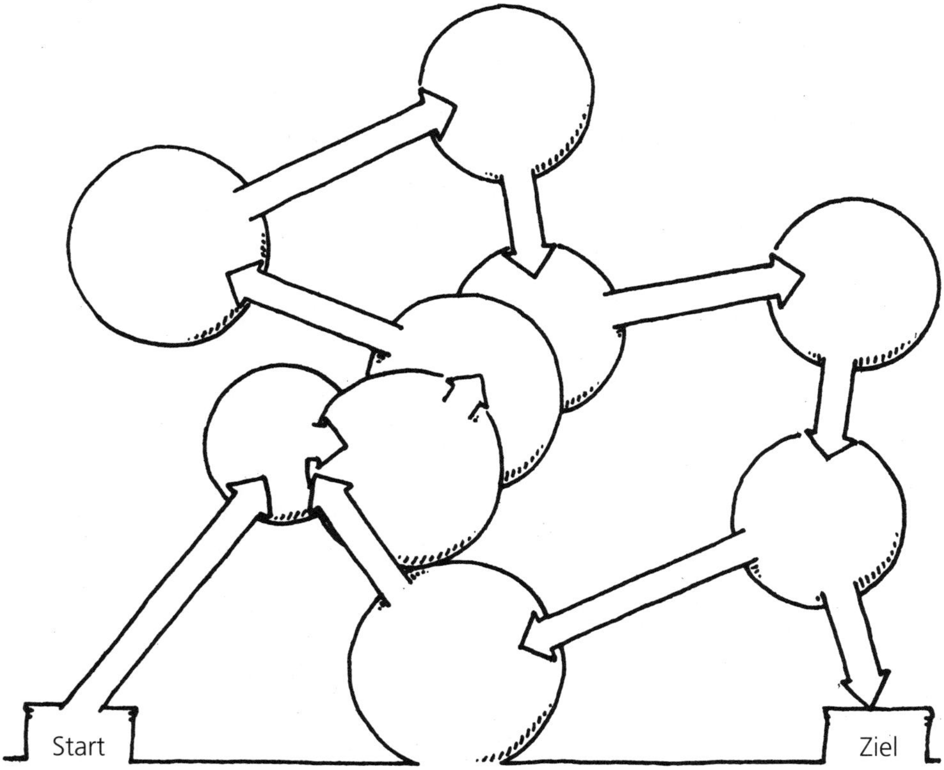

Nehmt bei jedem Würfeln ein neues Verb aus der Liste. Reichen die Verben für ein Spiel nicht aus, dann fangt wieder von vorn an oder schreibt eigene Verben zusätzlich auf.

Wichtig:
Wer seine Form richtig buchstabieren kann, darf ein Feld vorrücken, wer seine Form falsch hat, geht wieder ein Feld zurück! (In den Lösungen findest du die korrekten Formen)
Viel Spaß und viel Erfolg!

Verbliste:

1. voir
2. écrire
3. comprendre
4. lire
5. savoir
6. dire
7. attendre
8. remettre
9. rendre
10. ressembler
11. reculer
12. vouloir
13. perdre
14. pouvoir
15. prendre

Na, hast du Monsieur Réverbère erwischt? Nein? Unsere Freunde auch nicht. Aber sie sehen, wie er gerade zum Atomium hinausläuft, in ein Taxi hineinspringt und dem Taxifahrer zuruft: «A la gare, s'il vous plaît». Also, auf ins nächste Taxi und hinterher.

Im Taxi herrscht wildes Geschrei. Alle rufen durcheinander.

7. Setze die passenden Verbformen in die Lücken ein: ***voir – savoir – regarder – pouvoir.***

M. Schneider: «Est-ce que vous ______________ vite aller à la gare, s.v.p.*?»

Le chauffeur: «Oui, bien sûr, je ___________ où est la gare. Et mes collègues _______________ un raccourci*. Est-ce que je les appelle?»

Philippe: «Oui, vite, vite, s.v.p. Oh, les filles, _______________ là-bas, c'est le taxi de M. Réverbère!»

Caroline: «Je ne le _________ plus. Est-ce que vous ______________ quelle direction* il prend?»

Julie: «Non, nous ne le _______________ pas, mais notre chauffeur va nous aider.»

Le chauffeur: «C'est vrai, on ne ___________ plus le taxi de votre monsieur Réverbère, mais avec mon information, nous _________________ être à la gare avant qu'il arrive*, votre monsieur.

___________________, nous sommes à la gare. Et voilà, votre monsieur arrive aussi. Est-ce que vous _______________ ce que* ce monsieur fait ici?»

M. Schneider: «Non, nous ne le ________________ pas.»

Caroline: «Mais il nous ____________, et je pense qu'il veut vite partir*.»

* *s.v.p.* = s'il vous plaît; *un raccourci* = eine Abkürzung; *quelle direction* = welche Richtung; *avant qu'il arrive* = bevor er ankommt; *ce que* = was; *partir* = hier: weglaufen

Dieses Mal hat Monsieur Réverbère aber die Rechnung ohne Philippe und Sebastian gemacht, die einen rasanten Sprint hinlegen, Monsieur Réverbère einholen und ihn packen, sodass er endgültig gefasst ist. Er ist ihnen doch einige Erklärungen schuldig!

Als Monsieur Réverbère erfährt, dass die jungen Verfolger nicht aus der Computer-Branche kommen und für ihn keine Gefahr besteht, geht er gern mit in ein kleines Café auf der Grand Place, dem berühmten Marktplatz von Brüssel, um in Ruhe die neuesten Informationen auszutauschen.

8. Setze die richtigen Verbformen in die Lücken ein – die Infinitive stehen jeweils in Klammern.

M. Réverbère raconte:

«Ma mère est très sympathique. Quand elle est à Paris, elle ______________ **(prendre)** toujours mes vêtements et elle les ________________ **(transporter)** à Bruxelles où elle les lave*. Mais, un jour, elle ______________ **(prendre)** aussi mes disquettes et mon nouveau logiciel que j(e) ________ **(avoir)** dans mon armoire*. Alors, il y _______ **(avoir)** un problème.

Je ______________ **(vouloir)** aller à Bruxelles, mais deux hommes bizarres ______________ **(arriver)** et me suivent* jour et nuit. J(e) ______ **(avoir)** peur de ces deux hommes, parce que je ne ________________ **(savoir)** pas ce qu'ils* ________________ **(vouloir)**:

Ils ____________ **(savoir)** où j'habite.

La nuit, ils ne ____________ **(pouvoir)** pas entrer dans mon appartement, mais ils sont là.

Ils m(e) _______________ **(écrire)** des lettres.

Ils ____________ **(lire)** mon courrier*.

Ils me _____________ **(regarder)** quand je quitte ma maison.

Ils le ______________ **(savoir)** quand je _________ **(faire)** mon travail et

quand mon amie et moi, nous ________________ **(vouloir)** faire des

courses.

Et ils me ______________ **(dire)** que je ne __________ **(aller)** pas vivre* le

jour du congrès international de l'ordinateur.

Alors, qu'est-ce que je _________ **(faire)**? Je ___________ **(quitter)** la maison

par la petite porte de la cave, je ___________ **(laisser)** un papier où je

______________ **(demander)** de l'aide, je ___________ **(aller)** à Bruxelles et je

me cache* chez ma mère. Là-bas, je _____________ **(terminer)** mon travail.

Voilà, ________________ **(regarder)**.

Mais ____________ **(dire)** donc, comment est-ce que vous me ______________

(trouver) ici?»

* *laver* = waschen; *une armoire* = ein Schrank; *suivre qn* = jmd. folgen; *ce qu'ils* = was sie ...; *le courrier* = die Post; *vivre* = hier: erleben; *se cacher* = sich verstecken

Jetzt sind alle Fragen beantwortet, natürlich auch die, warum Monsieur Réverbère nicht zur Polizei gegangen ist – die Journalisten und die Konkurrenz seines Unternehmens hätten ja Wind von der Sache bekommen können – und vielleicht schafft er es ja doch, seine geniale Erfindung auf der Internationalen Computerfachmesse in Paris vorzustellen!

3 Vorsicht Falle: *acheter, appeler, payer, manger* und *commencer*

Einige Verben haben Unregelmäßigkeiten, die dir das Leben schwer machen können – also schau auf unsere Spicker, bevor du dich an die allerletzte Übung machst.

acheter – kaufen

	j'achète
tu	achètes
il, elle	achète
nous	achetons
vous	achetez
ils, elles	achètent

payer – (be)zahlen

je	paie
tu	paies
il, elle	paie
nous	payons
vous	payez
ils, elles	paient

appeler – (an)rufen

	j'appelle
tu	appelles
il, elle	appelle
nous	appelons
vous	appelez
ils, elles	appellent

Tipp

Die **Imperative** sehen alle so aus wie die entsprechenden Formen in der 2. Person Singular und Plural und in der 1. Person Plural!

manger – essen

je	mange
tu	manges
il, elle	mange
nous	mangeons
vous	mangez
ils, elles	mangent

commencer – anfangen, beginnen

je	commence
tu	commences
il, elle	commence
nous	commençons
vous	commencez
ils, elles	commencent

Bei der Suche nach M. Réverbère hat Freund Zufall geholfen. Die Freunde erzählen M. Réverbère von ihren Bemühungen zusammen mit M. Fiffi und Mme Tatu und dem merkwürdigen M. XY und seinem Chef M. Internetz.

Doch gerade als Maximilian Réverbère den Kindern seine großartige Erfindung demonstrieren will, die er bei sich hat, passiert das Unglaubliche: Zwei Männer stürzen sich darauf, reißen ihm das Material weg und verschwinden in der Menschenmenge. Und unsere Freunde natürlich hinterher.

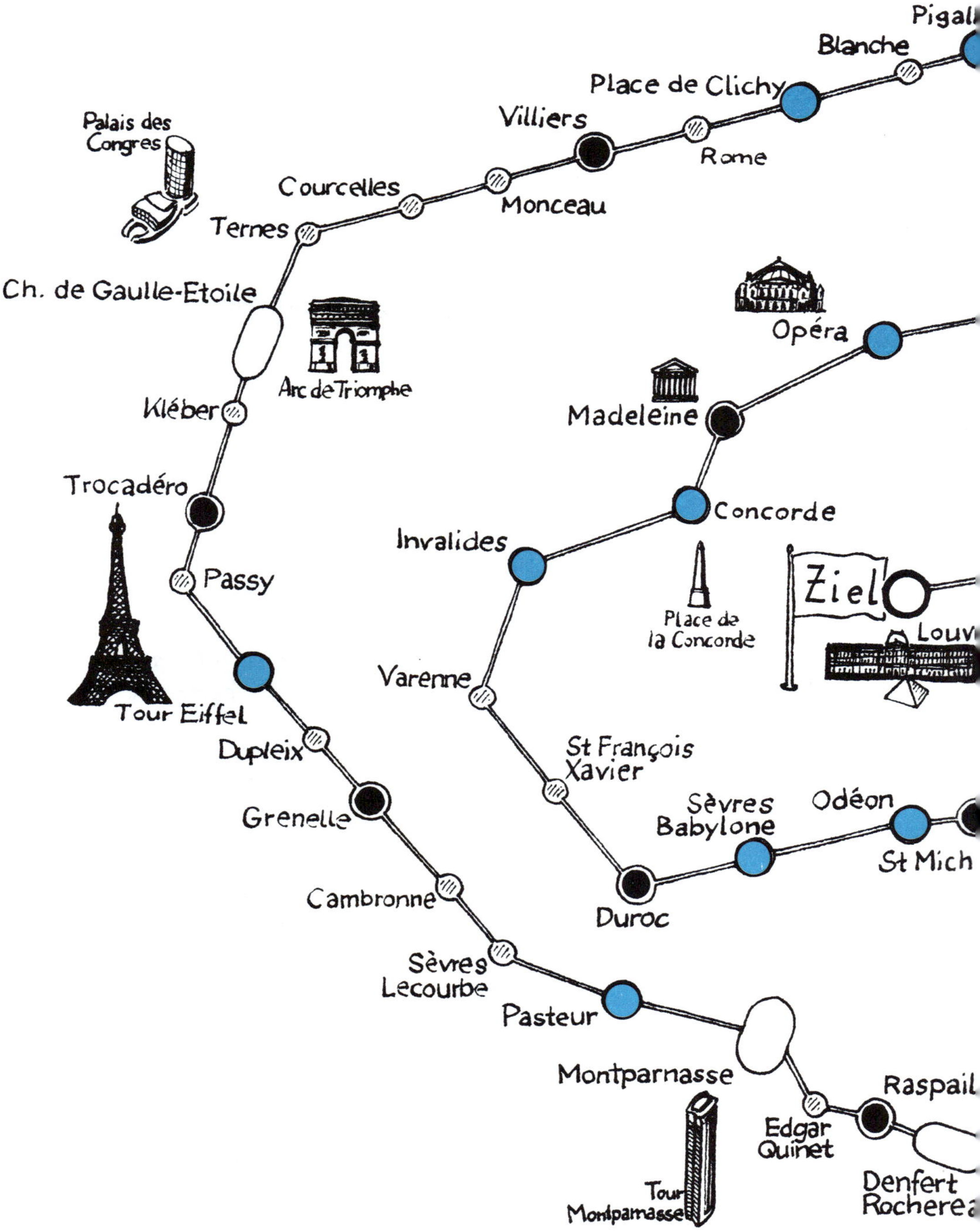
Pigall
Blanche
Place de Clichy
Villiers
Rome
Palais des Congres
Courcelles
Monceau
Ternes
Ch. de Gaulle-Etoile
Arc de Triomphe
Opéra
Kléber
Madeleine
Trocadéro
Concorde
Invalides
Passy
Place de la Concorde
Ziel
Louv
Varenne
Tour Eiffel
Dupleix
St François Xavier
Sèvres Babylone
Odéon
Grenelle
St Mich
Cambronne
Duroc
Sèvres Lecourbe
Pasteur
Montparnasse
Raspail
Edgar Quinet
Tour Montparnasse
Denfert Rocherea

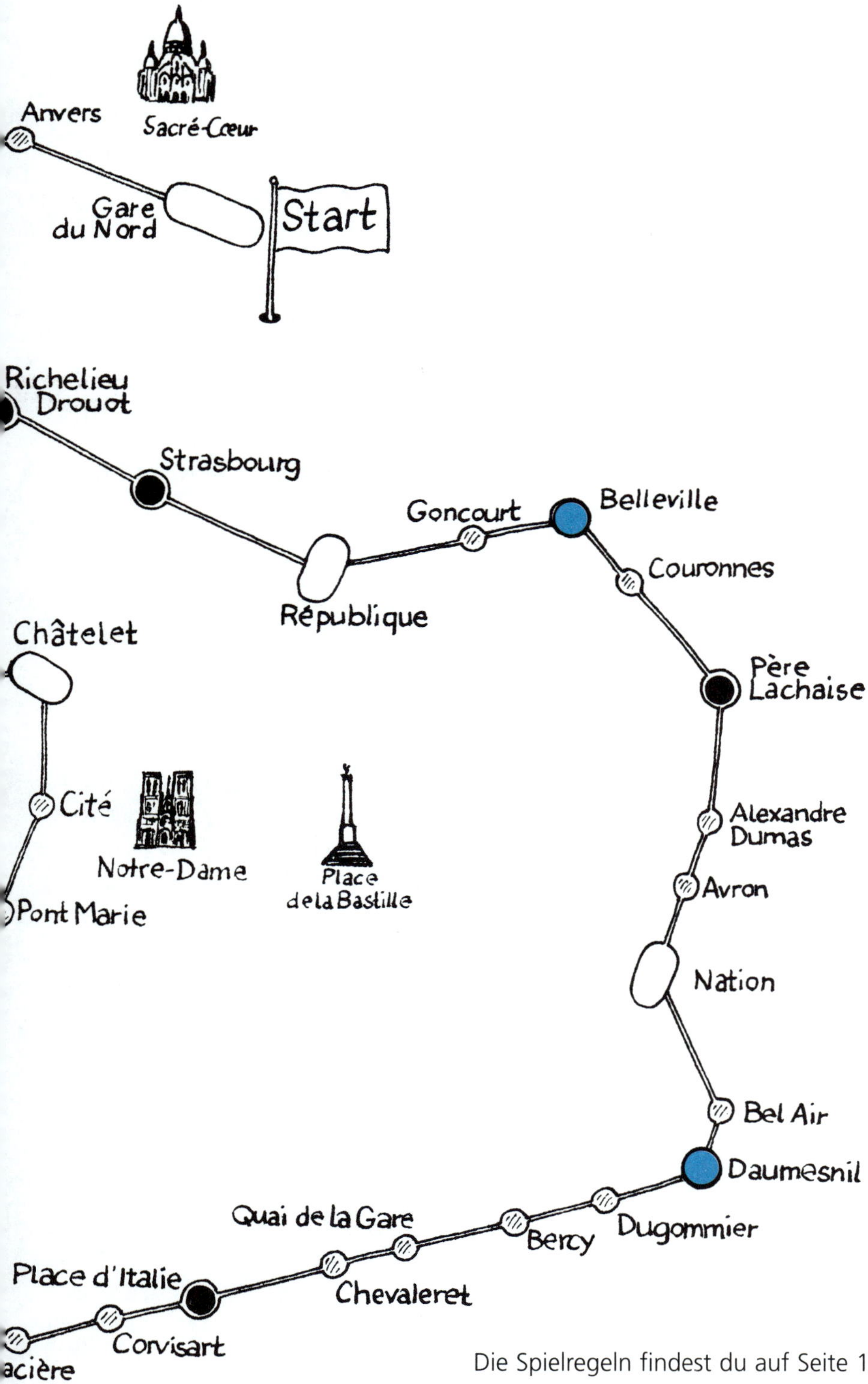

Die Spielregeln findest du auf Seite 110.

9. **Die Verfolgungsjagd führt uns nach Paris und durch die Pariser Untergrundbahn – und Sophie muss mit dem Zug nach Hause zurückfahren – wer wird die Gauner erwischen und Maximilians Erfindung retten? Mach dich mit auf die Jagd.**

Der Start, der Bahnhof Gare du Nord, und das Ziel, die Pyramide vor dem Louvre, sind markiert. Suche dir zwei bis drei Mitspieler und würfelt dreimal um die Wette. Wer die höchste Zahl hat, fängt an.

Die **Spielregeln** sind dieselben wie bei „Mensch-ärgere-dich-nicht":

- Kommt ein Spieler auf ein Feld, auf dem bereits ein Spielstein steht, so darf er diesen hinauswerfen – der Mitspieler muss dann wieder zum Start zurück.
- Wer zuerst vor der Pyramide des Louvre steht, hat gewonnen und erhält Réverbères neuestes Computerspiel.
- Die Pariser Metrostationen sind die einzelnen Spielfelder, auf denen ihr euch vorwärts bewegt.

Spielstufe 1:

- Kommst du auf eine große schwarze Station, so nennt dir der Mitspieler, der links von dir sitzt, ein unregelmäßiges Verb aus diesem Kapitel, das du nach seiner Anweisung im Singular *oder* im Plural konjugieren musst.
- Kommst du auf eine große blaue Station, so nennt dir dein rechter Mitspieler ein Verb aus diesem Kapitel, von dem du die drei Imperativformen bilden musst.
- Alle anderen Stationen kannst du ohne Zusatzaufgabe passieren.
- Wer die richtigen Formen nennt, darf zur Belohnung noch zwei Felder vorrücken. Wenn du einen Fehler machst, musst du eine Runde aussetzen und im Spicker nachschauen, wie die Form richtig heißt.

Spielstufe 2:

- Dein Mitspieler notiert die Formen jeweils schnell auf einem Zettel und du siehst nach, ob er sie richtig schreibt und umgekehrt!
- In den Lösungen am Ende des Buches findest du noch einmal alle unregelmäßigen Verben aus diesem Kapitel in einer Übersicht zusammengestellt.

L Lösungen

A Die Artikel und Nomen im Singular und im Plural

1. une rue, un appartement, une chambre, une salle de bains, une salle à manger, une BD, une maison, une cuisine, un lit, une salle de séjour, un carton, un ordinateur ▶ Seite 7

une rue	une salle de bains	une maison	une salle de séjour
un appartement	une salle à manger	une cuisine	un carton
une chambre	une BD	un lit	un ordinateur

2. Allô, Philippe, allô, crrrr...un voisin, crrrr... une voisine, un magasin, un hôtel, crrrr... une épicerie, crrrr... une boulangerie, un chien, crrrr... un restaurant, une souris, un perroquet, crrrr... un skateboard, crrrr....

3.

V	O	I	S	I	N	E	A	X	P
N	I	N	P	E	M	H	Y	E	T
B	E	S	I	B	D	I	R	T	E
A	Q	T	E	F	A	R	E	I	E
G	I	A	P	R	O	E	G	Q	A
U	L	L	O	Q	E	P	S	U	S
E	S	L	U	O	A	A	G	E	R
T	R	E	D	U	R	U	E	T	N
T	T	R	A	E	P	I	L	T	X
E	U	C	U	I	S	I	N	E	V

1. une voisine
2. une BD
3. une rue
4. une cuisine
5. une baguette
6. installer
7. un perroquet
8. une étiquette

4. ▶ Seite 8

Voilà un ordinateur.	Ah, c'est l'ordinateur de papa.
Voilà un livre.	Ah, c'est le livre de maman.
Voilà une souris.	Ah, c'est la souris de Caroline.
Voilà une étagère.	Ah, c'est l'étagère de papa.
Voilà un ballon.	Ah, c'est le ballon de Caroline.

5. l'arbre, la fleur, le jardin;
la sœur, le frère, la famille;
la cassette, le CD, l'ordinateur;
la maison, l'immeuble, la rue

6. le marché – le quartier – un skateboard – la place St.-Louise – La commerçante – le garçon – L'inspecteur – une fleur – le stand – La marchande ▶ Seite 9

7. les bananes – Les bananes – les pommes –les fleurs – la boîte / les boîtes – les nectarines – les fruits – les citrons – les baguettes – les baguettes ▶ Seite 10

▶ Seite 11

8.	Dans **la** rue, **les** enfants écoutent un groupe de musique pop.	1 + 3
	Dans un magasin de vêtements, ils regardent **les** jeans. Puis,	3
	ils entrent dans un café. C'est **le** café de l'Opéra. Là,	2
	Sebastian et Philippe bavardent avec **les** copains de l'école.	3
	Sur le marché, **les** garçons jouent avec **le** ballon de	3 + 2
	Philippe. (Mais ils font attention!)	
	Les filles de **la** rue La Fayette sont là aussi. Caroline et Julie	3 + 1
	entrent dans **la** parfumerie de Mme Dior:	1
	Les parfums sont très chers.	3
	Et que fait **le** petit Björn? Il est dans **la** boucherie et joue avec	2 + 1
	le chien de M. Bernard.	2
		30

▶ Seite 12

9. les arbres, les repas, les cafés, les dimanches, un exercice, un tour, un restaurant, les immeubles, les ordinateurs, les mères, la promenade, les hôtels, les exemples
Inspektor Fiffi verhaftet den Taschendieb auf dem: ARC DE TRIOMPHE.

▶ Seite 13

10. **a)** des fleurs **b)** des BD (Vorsicht : BD bekommt kein Plural –s!) **c)** des souris (Vorsicht : *souris* endet auf –s, also wird kein –s mehr angehängt!) **d)** des promenades **e)** des repas ... (auch hier kommt kein weiteres –s im Plural) **f)** des promenades ...

▶ Seite 14

11. des verres, des fruits, des cassettes, des patins à roulettes et des sucettes

▶ Seite 15

12. des cartons – les cartons – les cartons – des cassettes vidéo – les cassettes vidéo – la famille – l'étagère

13. des souris – les souris – une lettre

B Die regelmäßigen Verben auf *-er*

▶ Seite 16

1.

		travailler	écouter
Singular:	1. Person:	je travaille	j'écoute
	2. Person:	tu travailles	tu écoutes
	3. Person:	il, elle travaille	il, elle écoute
Plural:	1. Person:	nous travaillons	nous écoutons
	2. Person:	vous travaillez	vous écoutez
	3. Person:	ils, elles travaillent	ils, elles écoutent

▶ Seite 17

2. **a)** je déteste **b)** nous restons **c)** elle porte **d)** vous écoutez **e)** tu quittes **f)** nous tapons **g)** ils rentrent **h)** je raconte **i)** tu habites **j)** vous donnez

3.

▶ Seite 18

habiter	**trouver**	**entrer**	**arriver**	**poser**	**installer**
j'habite	je trouve	j'entre	j'arrive	je pose	j'installe
tu habites	tu trouves	tu entres	tu arrives	tu poses	tu installes
il habite	il trouve	il entre	elle arrive	il pose	il installe
nous habitons	nous trouvons	nous entrons	nous arrivons	nous posons	nous installons
vous habitez	vous trouvez	vous entrez	vous arrivez	vous posez	vous installez
ils habitent	ils trouvent	ils entrent	ils arrivent	ils posent	ils installent

4. **a)** fêter **b)** chercher **c)** écouter **d)** passer **e)** montrer **f)** compter **g)** crier **h)** adorer

5. Il est sept heures. M. Schneider regarde la télévision. Sebastian et Caroline jouent avec des copains dans la salle à manger. Mme Schneider travaille dans la cuisine. Le téléphone sonne. Les grands-parents arrivent. A huit heures, les Schneider et les grands-parents mangent dans la salle de séjour. Après le repas, grand-père joue avec Sebastian et Caroline.

▶ Seite 19

6.

▶ Seite 21

1. je prépare, tu prépares, il prépare, nous préparons, vous préparez, ils préparent
2. je demande, tu demandes, il demande, nous demandons, vous demandez, ils demandent
3. j'aime, tu aimes, il aime, nous aimons, vous aimez, ils aiment
4. je fête, tu fêtes, il fête, nous fêtons, vous fêtez, ils fêtent
5. je montre, tu montres, il montre, nous montrons, vous montrez, ils montrent
6. j'existe, tu existes, il existe, nous existons, vous existez, ils existent
7. j'oublie, tu oublies, il oublie, nous oublions, vous oubliez, ils oublient
8. je téléphone, tu téléphones, il téléphone, nous téléphonons, vous téléphonez, ils téléphonent
9. je parle, tu parles, il parle, nous parlons, vous parlez, ils parlent
10. je discute, tu discutes, il discute, nous discutons, vous discutez, ils discutent
11. je sonne, tu sonnes, il sonne, nous sonnons, vous sonnez, ils sonnent
12. j'installe, tu installes, il installe, nous installons, vous installez, ils installent

13. j'apporte, tu apportes, il apporte, nous apportons, vous apportez, ils apportent
14. je pose, tu poses, il pose, nous posons, vous posez, ils posent
15. je regarde, tu regardes, il regarde, nous regardons, vous regardez, ils regardent

▶ Seite 21

7. tu cherches – je pose – vous écoutez – nous cherchons – nous préparons – nous continuons – Caroline et Sebastian travaillent – Grand-père discute – Caroline apporte – Grand-père regarde

▶ Seite 23

8. Grand-mère et Anne bavardent – Sébastian joue – Sa mère crie – Grand-père cherche – Caroline apporte – Sebastian regarde – Caroline regarde – Ils rigolent – demande Caroline – je traverse – je parle – vous rentrez – vous travaillez – Vous ne discutez pas – vous rentrez

▶ Seite 24

9.

Infinitiv	Befehl an eine Person	Befehl an mehrere Personen	Befehl an mehrere, dich eingeschlossen
montrer	a) montre b) montrez	montrez	montrons
téléphoner	a) téléphone b) téléphonez	téléphonez	téléphonons
passer	a) passe b) passez	passez	passons
porter	a) porte b) portez	portez	portons
fêter	a) fête b) fêtez	fêtez	fêtons

10. **a)** Reste là. Restez là.
b) Ecoute grand-père. Ecoutez grand-père.
c) Travaille pour l'école. Travaillez pour l'école.
d) Raconte le problème. Racontez le problème.
e) Continue l'histoire. Continuez l'histoire.

▶ Seite 25

11. **a)** Komm herein (Tritt ein)! **b)** Lasst uns Fußball spielen (Spielen wir Fußball)! **c)** Schaut fern! **d)** Stellt Fragen! **e)** Bringt die Stangenweißbrote mit! **f)** Klopfe an die Tür! **g)** Lasst uns mit Mama sprechen (Sprechen wir mit Mama)! **h)** Fragt Papa! **i)** Beendet schnell die Hausaufgaben!

▶ Seite 26

12. **a)** Cherchez. **b)** Trouvez le monsieur. **c)** Posez des questions. **d)** Discutez avec les voisins. **e)** Attaquez le problème. **f)** Parlez à Philippe et à Sebastian.

C Die ersten unregelmäßigen Verben

1. nous sommes – mon père est – ma mère est – je suis – Mes grands-parents sont – ils sont – c'est – nous sommes – tu es – je suis – Mon père est – ma mère et ma sœur sont – Nous sommes – Ils sont – vous êtes – Je suis – c'est ▶ Seite 27

2. J'ai – Tu as – Nous avons – vous avez – tes parents ont – mon grand-père a ▶ Seite 28

3. **a)** Alors, je suis d'accord. **b)** Tu as quel âge, Monique? **c)** Elle est à Paris depuis trois jours. **d)** Nous avons trois copains. **e)** Vous êtes inspecteurs, messieurs? **f)** Elles ont des correspondantes sympathiques.

4. Regardez – vous avez – Sebastian et Philippe regardent – Ils ont – ils crient – Ils aiment – c'est – elle a – elle aime – Les copains quittent – (ils) traversent – Un homme arrive – Sebastian demande – Tourne – écoute – Le monsieur pose – Vous êtes – vous habitez – écoutez – J'ai – Rentrez – je téléphone ▶ Seite 29

5. Monsieur XY est à Paris. Sur le bateau, il y a beaucoup de touristes. Philippe regarde les gens: il y a trois hommes qui discutent. Ils sont de Stuttgart et parlent allemand. Il y a aussi des chiens qui aiment bien les promenades en bateaux. ▶ Seite 31

6. **a)** Devant Notre-Dame, il y a beaucoup de touristes. **b)** Les grands-parents de Julie et de Philippe sont déjà à table et mangent avec la famille. **c)** Sur le marché, il y a des stands et des commerçants. **d)** Les garçons et les filles sont devant l'ordinateur et regardent la disquette de M. XY.

7. **a)** Je fais une démonstration de foot. **b)** Tu fais le repas. **c)** Il fait un exercice. **d)** Nous faisons la cuisine ensemble. **e)** Vous faites du sport. **f)** Ils font des bêtises. ▶ Seite 32

8. **a)** Julie et Caroline vont **b)** Tu vas **c)** je vais **d)** La belle dame (...) va **e)** allons **f)** allez ▶ Seite 33

9. Je vais rentrer – nous allons faire – tu vas rester – je vais aller – je vais chercher – Il va apporter – nous allons donner – il va s'appeler ▶ Seite 35

D Die Fragesätze

1. **a)** Céline, tu vas au lit à 20 heures? **b)** Luc, tu continues tes devoirs? **c)** Nicolas regarde souvent par la fenêtre? **d)** Ton amie s'appelle Irène? **e)** Elle aime les mathématiques? ▶ Seite 36

2. Qui joue avec moi? Que fait Monique? Où est mon jean, maman? Où est le carton avec les dés? ▶ Seite 38

3. **a)** Où sont tes devoirs? **b)** Où est ton sac de sport? **c)** Où est la voiture de ton père? **d)** Que fait ta mère?

▶ Seite 40

4. **a)** Quand est-ce que vous rentrez à la maison? **b)** Où est-ce que tes parents habitent? **c)** Pourquoi est-ce que tu arrives si tard? **d)** A quelle heure est-ce que le métro passe à la gare «Montparnasse»? **e)** Comment est-ce que tu t'appelles?

▶ Seite 41

5. **a)** Pourquoi est-ce que Pierre rentre de l'école et pleure? **b)** Où est-ce qu'il a mal? **c)** Quand est-ce que le docteur arrive? **d)** Comment est-ce que le docteur regarde Pierre? **e)** Qu'est-ce que Pierre a? (*la grippe* musst du weglassen.)

6. **a)** Qu'est-ce que le docteur murmure? **b)** Qu'est-ce que Pierre aime manger? **c)** Qu'est-ce que le docteur donne à la maman de Pierre? **d)** Qu'est-ce qu'il y a sur le papier? **e)** Qu'est-ce que Pierre regarde? **f)** Qu'est-ce que la mère de Pierre prépare maintenant pour Pierre? **g)** Qu'est-ce que Pierre ne mange plus ?

▶ Seite 43

7. **a)** Avec qui est-ce que Pierre fait une promenade? **b)** Avec qui est-ce que ses copains font du slalom? **c)** A qui est-ce que Liliane raconte l'histoire du nouveau professeur de maths? **d)** Pour qui est-ce que Luc fait les devoirs de physique? **e)** Avec qui est-ce que les garçons jouent au foot? **f)** Avec qui est-ce que Philippe et Sebastian tombent dans la Seine? **g)** A qui est-ce que Céline téléphone?

▶ Seite 44

8. **a)** A qui est-ce que je parle? **b)** Qui est-ce que vous cherchez? **c)** Pourquoi est-ce que vous le cherchez? oder : Pourquoi est-ce que vous cherchez monsieur Réverbère? **d)** Quel âge est-ce qu'il a? oder: Il a quel âge? **e)** A quelle heure est-ce que vous allez passer chez nous?

▶ Seite 45

9. **a)** Comment est-ce qu'il s'appelle? oder: Il s'appelle comment? **b)** Quel âge est-ce qu'il a? oder: Il a quel âge? **c)** Où est-ce qu'il habite? **d)** Pour qui est-ce qu'il travaille? **e)** Qui est son chef? **f)** Pourquoi est-ce qu'il (oder: Pourquoi est-ce que M. Internetz) cherche M. Réverbère? **g)** Pourquoi est-ce que c'est très intéressant pour «Minicomputel»?

E Die Possessivbegleiter

▶ Seite 47

1. sa chambre – son sac – Ses livres – ses grands-parents – son copain – sa copine – Son père – ma chérie – tes devoirs – tes problèmes – tes spaghetti – mes devoirs

2. sa promenade – son jardin – sa voisine – ses copines – son jardin – ses fleurs – son lit – sa sieste – mes merguez – ma tarte – mon café

▶ Seite 48

3. mon – ton – son âge (un), mon – ton – son idée (une), mon – ton – son ordinateur (un), mon – ton – son orange (une), mon – ton – son ami (un), mon – ton – son amie (une)

4. ma ville – mon immeuble – ma fille – mon fils – mon appartement – mes enfants – ma fille – sa chambre – mon fils – son club – ses copains – ses devoirs – Son école – mon café – mes voisins – mes voisines

5. **mehrere Besitzer besitzen ein Ding:** ▶ Seite 49

a) notre chien
b) notre tablette de chocolat
c) leur magasin
d) notre champion
e) votre cuisine
f) notre photo
g) leur promenade
h) leur frère

mehrere Besitzer besitzen mehrere Dinge:

a) vos perroquets
b) leurs skateboards
c) vos amis
d) leurs fleurs
e) vos devoirs
f) nos BD
g) leurs casques
h) nos sœurs

6. nos CD – nos BD – nos cassettes – nos jeux – vos skateboards – vos patins à roulettes – vos vélos – leurs casques – leurs pullovers – leurs jeans ▶ Seite 50

7. mon sac – Ton sac – mon porte-monnaie – Ton porte-monnaie – Nos papiers – Nos tickets de retour – notre petit livre – nos adresses – nos numéros de téléphone – nos tickets – nos amis – ton sac ▶ Seite 51

F Die Präpositionen *à* und *de* und die bestimmten Artikel

1. **a)** à la mère **b)** à la sœur **c)** aux grands-parents **d)** à la télé **e)** à l'hôpital **f)** au restaurant **g)** à l'épicerie **h)** au marché **i)** au commerçant **j)** à la maison **k)** aux parfumeries **l)** au quartier ▶ Seite 52

2. **a)** Nous posons une question au professeur. **b)** Le professeur donne une réponse aux élèves. **c)** Philippe va au tableau. **d)** François parle à la voisine. **e)** Elle passe un papier à la fille devant elle. **f)** Le garçon invite la fille au café. ▶ Seite 53

3. à Fontainebleau – au téléphone – au premier étage – au lit – à la porte – aux hommes – au garçon – aux inspecteurs – à l'école – à la Tour Montparnasse ▶ Seite 54

4. **a)** du repas **b)** de la mère **c)** des grands-parents **d)** de l'école **e)** de l'hôpital **f)** du restaurant **g)** de l'épicerie **h)** du marché **i)** du dimanche **j)** de la rue **k)** des boulangeries **l)** du quartier ▶ Seite 55

5. **a)** La famille regarde les arbres dans la forêt des grands-parents. **b)** Monsieur Schneider aime le jardin du père d'Annabelle. **c)** Madame Schneider prépare le repas des enfants. **d)** Sebastian tape dans le ballon de Philippe. **e)** Caroline regarde les BD de la voisine. **f)** Puis, elle invite les copains du club. ▶ Seite 56

6. le keyboard de Julie – au premier étage de la Tour Eiffel – joue très bien de la flûte – parlent des jeunes gens qui font de la musique – A la fin du concert – 100 francs du monsieur – la musique classique des copains – 50 francs sont de l'épicier de la rue La Fayette – le vieux chapeau du grand-père de Philippe

▶ Seite 58

7. une bouteille de vin rouge
un kilo de bananes
une tablette de chocolat
un verre d'orangina
un paquet de spaghetti
trois semaines de vacances

Tipp Bei *bouteille* und *verre* kannst du natürlich austauschen: *un verre de vin rouge, une bouteille d'orangina.*

G Ein kurzer Zwischenspurt mit wichtigen Verben

▶ Seite 60

1.

répondre	perdre	attendre	descendre	rendre
je réponds	je perds	j'attends	je descends	je rends
tu réponds	tu perds	tu attends	tu descends	tu rends
il répond	il perd	il attend	elle descend	il rend
nous répondons	nous perdons	nous attendons	nous descendons	nous rendons
vous répondez	vous perdez	vous attendez	vous descendez	vous rendez
ils répondent	ils perdent	ils attendent	ils descendent	ils rendent

▶ Seite 61

2. Les élèves (...) attendent – M. Noble qui répond – Attendez – Les filles (...) répondent – Un garçon attend

3. elle ne répond pas – Ses amies répondent – nous attendons – vous attendez – Ne perdez pas – vous ne descendez pas – Les autres attendent – Tu perds – nous descendons – tu réponds – J'attends

▶ Seite 63

4. Julie répond – Tu perds – Les amis ne perdent pas – mon prof me rend service – je perds – je ne peux pas rendre – nous ne perdons pas – nous rendons – nous répondons

▶ Seite 64

5. **a)** Pendant les vacances, je prends ma fusée et mon chien avec moi et nous partons. **b)** D'abord, nous prenons la direction TERRA-LUNA347. **c)** Puis, on prend des photos de la planète. **d)** On regarde les petits bonhommes de la lune qui prennent leurs petites voitures et attendent les touristes. **e)** Est-ce que vous prenez aussi vos vacances pour surfer deux semaines sur Internet?

▶ Seite 65

6. **a)** Philippe met ses lunettes de soleil. **b)** Les garçons mettent leurs skateboards sur un banc. **c)** Mme Schneider: «Est-ce que vous mettez vos casques?» **d)** Grand-mère et grand-père: «Nous mettons nos chaises à l'ombre.» **e)** Caroline explique: «Je mets mon casque rouge et toi?» **f)** Julie répond: «Non, toi, tu mets le casque bleu et moi, je prends le rouge.»

7.

a) ils, elles peuvent
b) je *oder* tu veux
c) nous pouvons
d) vous voulez
e) il, elle veut
f) vous pouvez
g) ils, elles veulent
h) je *oder* tu peux
i) il, elle peut
j) vous voulez

▶ Seite 66

8.

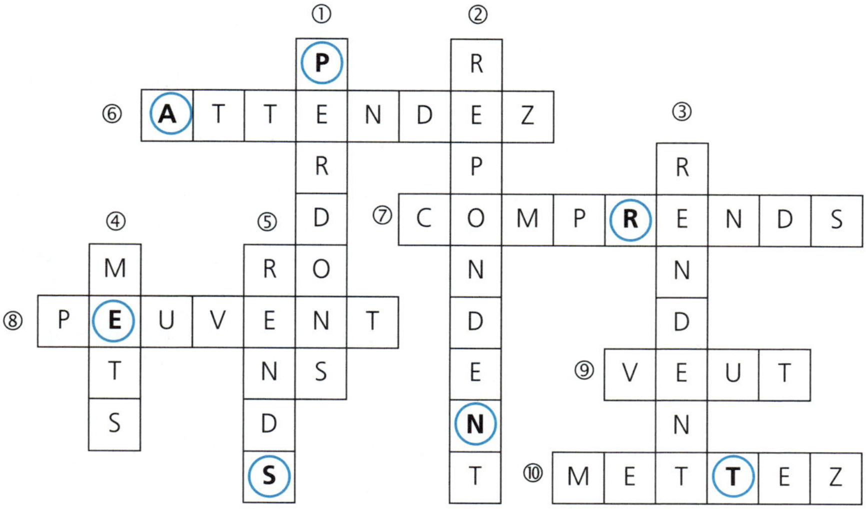

Lösungswort: Les amis passent leurs vacances avec leurs **PARENTS**.

9. Interpol peut nous donner – j'attends – Un jeune homme arrive et demande – Je réponds – je donne – Il prend – il regarde – il rend – il prend – deux voitures arrivent – deux hommes descendent et veulent parler – le jeune homme qui commence – Les deux hommes commencent – Un bus passe – le jeune homme monte – les deux hommes ratent – les hommes prennent – Je ne comprends pas – vous pouvez expliquer – le jeune homme ne veut pas parler – Nous ne pouvons pas attendre – Vous comprenez

▶ Seite 67

H Die Verneinung

1.

a) Tu as soif, Caroline? — Non, je n'ai pas soif.
b) Tu joues avec moi, Caroline? — Non, je ne joue pas avec toi.
c) Nous allons au bord de la Seine? — Non, nous n'allons pas au bord de la Seine.
d) Tu aimes faire la cuisine avec moi? — Non, je n'aime pas faire la cuisine avec toi.
e) Tu vas au marché avec maman? — Non, je ne vais pas au marché avec maman.
f) Nous regardons la télé ensemble? — Non, nous ne regardons pas la télé ensemble.

▶ Seite 70

g) Nous <u>allons</u> manger? — Non, nous n'allons pas manger.
h) Mais Caroline! Tu <u>es</u> bête! — Non, je ne suis pas bête, je suis une idiote!

▶ Seite 70 **2.** **a)** Non, je n'ai pas faim. **b)** Non, je n'ai pas soif. **c)** Non, je n'aime pas les sucettes. **d)** Non, je n'aime pas l'école. **e)** Non, je n'aime pas les mathématiques. **f)** Oui, je vais passer un test demain. **g)** Non, tu ne vas pas rester ici.

▶ Seite 71 **3.** Attention! Je ne suis pas à Paris. Je ne suis pas en France. Je suis à Brx. Police: Fiffi et Tatu! R.
Brx. ist die Abkürzung für Bruxelles (Brüssel); und das Land ist Belgien.

▶ Seite 72 **4.** **a)** Ne jouez pas au foot dans la salle de classe. **b)** Ne bavardez pas. **c)** Ne regardez pas par la fenêtre. **d)** Ne jouez pas aux cartes. **e)** N'oubliez pas vos devoirs. **f)** Ne dessinez pas au tableau. **g)** Ne copiez pas sur votre voisin. **h)** Ne rêvez pas. **i)** Ne flirtez pas en classe.

▶ Seite 73 **5.** **a)** Ne téléphonez pas à la police. **b)** Ne racontez pas l'histoire à un journaliste. **c)** Ne regardez pas le texte sur la disquette. **d)** N'informez pas M. Fiffi. **e)** N'allez pas à Bruxelles.

▶ Seite 74 **6.** **a)** Mon frère n'est plus au collège François-Villon. **b)** Il n'aide jamais maman. **c)** Notre voisin ne téléphone jamais à mon père. **d)** Mes amies ne travaillent plus pour la fin de l'année scolaire. **e)** Le bébé de ma tante ne fait jamais dodo. **f)** Et ma grand-mère ne mange plus bien.

7. Sur le marché.
a) Depuis deux ans, je ne vais plus au supermarché. **b)** Au stand de légumes, je ne paie jamais avec des billets de 1000 F. **c)** Madame Morel n'augmente jamais les prix. **d)** Les sacs ne coûtent rien. **e)** Ma mère ne veut plus aller en ville pour faire les courses.

▶ Seite 75 **8.** **a)** A 7 heures 30, M. Ahmed n'a plus de bananes. **b)** Sa fille ne cherche pas d'oranges. **c)** Son fils ne met jamais d'artichauts dans l'étagère.
d) Mme Ahmed ne trouve pas de baguettes dans le carton. **e)** Et les clients ne vont plus dans le magasin des Ahmed.

▶ Seite 76 **9.** **a)** Non, je n'ai pas de sac pour toi.
b) Non, je n'ai pas de pullover pour toi.
c) Non, je n'ai plus de sandwich pour toi.
d) Non, je n'ai plus de bouteille d'eau minérale pour toi.
e) Non, je n'ai pas de cassette pour toi.
f) Non, je n'ai plus d'idée.

10. peu d'amis – assez de gens – beaucoup d'enfants – pas de tartes aux pommes – trop de légumes – plus de poissons – plus de plantes – rien d'intéressant

▶ Seite 77 **11.** **a)** Non, nous ne sommes pas des champions en mathématiques.
b) Non, je ne suis pas la sœur de Julie.

c) Non, ce ne sont pas les parents qui font le repas à midi.
d) Non, ce n'est pas la salle de ta classe.
e) Non, ce ne sont pas les photos de mes copains.
f) Non, ce ne sont pas tes cahiers.

12. **a)** Je n'aime pas mes sandwichs au jambon. **b)** Je n'aime pas les bêtises de mon frère. **c)** Je n'aime pas mon école. **d)** Je n'aime pas les contrôles de français. **e)** Je n'aime pas les yeux de mon professeur. ▶ Seite 78

I Die Adjektive.

1. **a)** une fille sympathique **b)** un contrôle facile **c)** un copain malade **d)** un prix juste **e)** une question bizarre **f)** un problème difficile **g)** un garçon impossible **h)** un pauvre perroquet **i)** une vue magnifique ▶ Seite 80

2. une joli**e** fille – un garçon intéressant – Sabine est petit**e** – Jürgen est grand – Le français (...) est mauvais – sa vrai**e** histoire – Caroline est content**e** – son amie alleman**de** – un cours amusant qui n'est jamais compliqué ▶ Seite 81

3. une orange: bonne; une phrase: fausse; un chemin: dangereux; une surprise: folle ▶ Seite 82

4. des oranges: françaises; des phrases: compliquées; trois voitures: jolies; des surprises: mauvaises ▶ Seite 83

5. La classe (...) est contente – Les correspondants allemands – les cours sont plus intéressants – la grande ville – des petites villes – la circulation dangereuse – les grandes capitales – la circulation est folle – ses amies allemandes – Les élèves français – réponses amusantes

6. ▶ Seite 84

Les amis:	**Sabine et Jürgen:**
a) Est-ce que vos profs sont sympathiques?	Oh, il y a des bons profs, et il y a aussi des mauvais profs.
b) Est-ce que les filles allemandes sont jolies?	Oh, il y a aussi des jolis garçons!
c) Qu'est-ce que c'est, la «Forêt noire»?	C'est une grande forêt dans le sud de l'Allemagne.
d) Ma chère Sabine, est-ce que je peux t'inviter pour un rendez-vous amusant à la Tour Eiffel?	Oh, Philippe, cela va être dangereux pour toi, je monte toujours à pied. Mais j'ai une bonne idée: Nous voulons bien visiter les églises fantastiques de Paris.

7. Les amis parlent toute la nuit ... ▶ Seite 85
a) de leurs profs allemands et de leurs profs français. **b)** de leurs petits animaux. **c)** d'un bon cinéma où il y a des films français. **d)** des mauvais repas à la cantine de l'école. **e)** des bonnes sucreries de la boulangerie d'en face. **f)** des vues magnifiques de la Tour Eiffel et du Sacré-Cœur. **g)** des grandes vacances au bord de la mer.

J Der französische Satz und die Objektpronomen

▶ Seite 87

1. **a)** Caroline appelle Philippe. **b)** Julie quitte sa chambre. **c)** Madame Morel regarde ses enfants. **d)** Les enfants apportent des baguettes. **e)** Sabine ressemble à Caroline. **f)** M. Fiffi téléphone à Interpol. **g)** M. Schneider donne des informations à ses amis.

▶ Seite 88

2. **a)** Les copains oublient leurs devoirs. **b)** Grand-mère donne un cadeau à Sebastian. **c)** M. Fiffi explique le problème à Mme Tatu. **d)** Grand-père montre une disquette à M. Fiffi. **e)** M. XY passe une information aux copains. **f)** M. XY présente M. Internetz à M. Fiffi. **g)** M. Réverbère quitte la France. **h)** M. Fiffi rend une feuille à Interpol. **i)** Interpol trouve la trace de M. Réverbère.

▶ Seite 89

3. **a)** Chers touristes, **b)** vous cherchez une maison? – Nous trouvons une maison pour vous. **c)** Vous aimez la mer? – Au premier étage de la maison, vous avez une vue magnifique sur la mer. **d)** Vous voulez faire des promenades en bateau? – Nous donnons un petit bateau à nos clients. **e)** Vous cherchez des amis? – Nous présentons toujours les gens du village à nos clients. **f)** Vous avez un problème? – Vous téléphonez à notre M. Faitout et il va vous aider tout de suite. **g)** A la fin de vos vacances, vous rendez la clé à notre bureau. **h)** Et comment est-ce que vous arrivez à Den Haan? – Nous expliquons le chemin à nos clients et tout le monde arrive à Den Haan.

▶ Seite 91

4. M. Schneider:

a) Je regarde la boulangerie là-bas.	→	Je la regarde.
b) Je regarde les touristes.	→	Je les regarde.
c) Je regarde les maisons.	→	Je les regarde.
d) Je regarde la jolie femme.	→	Je la regarde.

Mme Schneider:

a) J'écoute le concert des jeunes sur la place.	→	Je l'écoute.
b) J'écoute les histoires de la femme à côté de moi.	→	Je les écoute.
c) J'écoute la musique classique du café.	→	Je l'écoute.
d) J'écoute la mer.	→	Je l'écoute.

▶ Seite 93

5. **a)** Je ne les aime pas. **b)** Je l'adore. **c)** Nous la préparons. **d)** Et tu ne le perds pas! **e)** Et toi, tu ne les dragues pas. **f)** Et vous ne les oubliez pas. **g)** Phil, tu ne les imites pas. **h)** Vous les aimez?

▶ Seite 94

6. **a)** A onze heures du soir, les copains ont rendez-vous à la plage. **b)** On veut faire un pique-nique, et on le fait dans les dunes. **c)** Les garçons portent les sacs, les filles ne les portent pas. **d)** Est-ce qu'on n'a pas de sandwichs? **e)** Si. Mais on ne les garde pas, on les mange tout de suite. **f)** Julie prend des bananes, et elle les passe à ses copains. **g)** Philippe prend la guitare et il la donne à Sebastian pour un concert nocturne. **h)** On les aime bien, les piques-niques entre copains.

7. **a)** Maman et grand-mère veulent le préparer. **b)** Papa va les faire. **c)** Sebastian ne va pas le visiter. **d)** Il va les inviter pour manger. **e)** Grand-père ne peut pas les lire. **f)** Il va les écouter. **g)** Et Caroline et Julie vont les laver. ▶ Seite 95

8. tu peux m'aider – je peux t'aider – Tu peux m'expliquer – je vais te décrire – Tu m'écoutes – tu me poses – je te présente – je t'accompagne – tu me racontes ▶ Seite 96

9. **a)** Tu nous achètes – Je vous achète – Tu nous prends – Et tu nous achètes – je vous apporte
b) Nous ne pouvons pas vous aider – Nous voulons bien vous rendre service – Vous pouvez nous faire – vous pouvez nous rendre ▶ Seite 97

K Unregelmäßige Verben

1. **a)** écri **v** ons: ➜ 1. Person, Plural **b)** di **t** es: ➜ 2. Person, Plural **c)** li **s** ez: ➜ 2. Person, Plural **d)** écri **ve** nt: ➜ 3. Person, Plural **e)** d **i** s: ➜ 1. oder 2. Person, Singular **f)** l **i** s: ➜ 1. oder 2. Person, Singular **g)** di **so** ns: ➜ 1. Person, Plural **h)** éc **ri** s: ➜ 1. oder 2. Person, Singular ▶ Seite 99

2. **a)** j'écris **b)** tu lis **c)** il dit **d)** nous lisons **e)** vous dites **f)** ils lisent **g)** je dis **h)** tu écris **i)** vous écrivez

3. **a)** tu écris **b)** j'écris **c)** vous écrivez **d)** nous n'écrivons pas **e)** les enfants écrivent ▶ Seite 100

4. les copains attendent – ils regardent – Philippe fait ... et imite les gens – Sebastian lit – le prospectus qui décrit – Les filles disent – on la visite – Dis donc, papa – M. Schneider n'écoute pas – M. Schneider et Sophie décrivent – une jolie dame qui ne parle pas – Caroline crie – Regardez, les copains – le monsieur qui lit

5. ▶ Seite 102

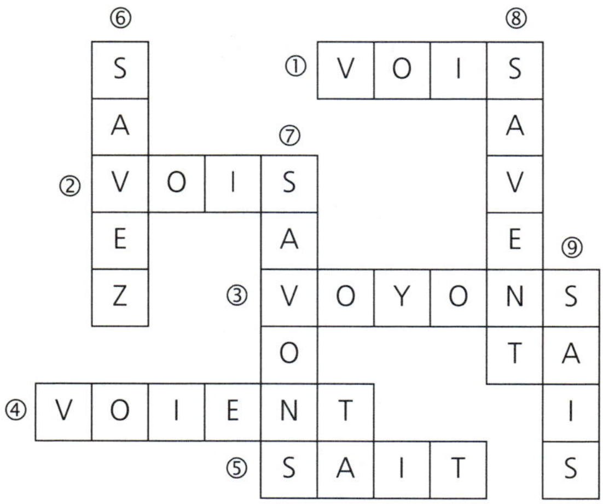

▶ Seite 103 **6.**

1. je vois, tu vois, il voit, nous voyons, vous voyez, ils voient
2. j'écris, tu écris, il écrit, nous écrivons, vous écrivez, ils écrivent
3. je comprends, tu comprends, il comprend, nous comprenons, vous comprenez, ils comprennent
4. je lis, tu lis, il lit, nous lisons, vous lisez, ils lisent
5. je sais, tu sais, il sait, nous savons, vous savez, ils savent
6. je dis, tu dis, il dit, nous disons, vous dites, ils disent
7. j'attends, tu attends, il attend, nous attendons, vous attendez, ils attendent
8. je remets, tu remets, il remet, nous remettons, vous remettez, ils remettent
9. je rends, tu rends, il rend, nous rendons, vous rendez, ils rendent
10. je ressemble, tu ressembles, il ressemble, nous ressemblons, vous ressemblez, ils ressemblent
11. je recule, tu recules, il recule, nous reculons, vous reculez, ils reculent
12. je veux, tu veux, il veut, nous voulons, vous voulez, ils veulent
13. je perds, tu perds, il perd, nous perdons, vous perdez, ils perdent
14. je peux, tu peux, il peut, nous pouvons, vous pouvez, ils peuvent
15. je prends, tu prends, il prend, nous prenons, vous prenez, ils prennent

▶ Seite 104 **7.**

vous pouvez – je sais – mes collègues savent – les filles, regardez – Je ne le vois plus – vous voyez – nous ne le voyons pas – on ne voit plus – nous pouvons être – Regardez – vous savez – nous ne le savons pas – il nous voit

▶ Seite 105 **8.**

elle prend – elle les transporte – elle prend – j'ai – il y a – Je veux aller – deux hommes bizarres arrivent – J'ai – je ne sais pas ce qu'ils veulent
Ils savent – ils ne peuvent pas entrer – Ils m'écrivent – Ils lisent – Ils me regardent – Ils le savent – je fais – nous voulons faire – ils me disent – je ne vais pas vivre

je fais – Je quitte – je laisse – je demande – je vais – je termine – regardez – dites – vous me trouvez

▶ Seite 110 **9.**

Alphabetische Übersicht über die unregelmäßigen Verben:

acheter: j'achète, tu achètes, il achète, nous achetons, vous achetez, ils achètent
Imperative: achète, achetons, achetez

appeler: j'appelle, tu appelles, il appelle, nous appelons, vous appelez, ils appellent
Imperative: appelle, appelons, appelez

commencer: je commence, tu commences, il commence, nous commençons, vous commencez, ils commencent
Imperative: commence, commençons, commencez

dire: je dis, tu dis, il dit, nous disons, vous dites, ils disent
Imperative: dis, disons, dites

écrire: j'écris, tu écris, il écrit, nous écrivons, vous écrivez, ils écrivent
Imperative: écris, écrivons, écrivez

lire: je lis, tu lis, il lit, nous lisons, vous lisez, ils lisent
Imperative: lis, lisons, lisez

manger: je mange, tu manges, il mange, nous mangeons, vous mangez, ils mangent
Imperative: mange, mangeons, mangez

payer: je paie, tu paies, il paie, nous payons, vous payez, ils paient
Imperative : paie, payons, payez

savoir: je sais, tu sais, il sait, nous savons, vous savez, ils savent
Imperative: die lernen wir erst später – lass dir ein anderes Verb nennen

voir: je vois, tu vois, il voit, nous voyons, vous voyez, ils voient
Imperative: vois, voyons, voyez

Ich kann's – dank MANZ!

Englisch – Übungen zur Grammatik 7. Schuljahr

Wiederholung und Training der Grammatik des 7. Schuljahres. Einstiegsübungen, Infokästen und viele Illustrationen ergänzen die Übungen. Mit Abschlusstests zur eigenen Überprüfung. Alle Aufgaben mit Lösungen.

Üben

ISBN 3-7863-2053-5

Deutsch üben im 7. Schuljahr

120 abwechslungsreiche Übungen zu allen wichtigen Themen des Deutschunterrichts: Aufsatz, Diktat, Grammatik und Rechtschreibung in einem Band. Mit Tipps, Beispielen und Hilfen für die eigene Arbeit. Ausführliche Lösungen zu allen Aufgaben.

Üben

ISBN 3-7863-1005-X

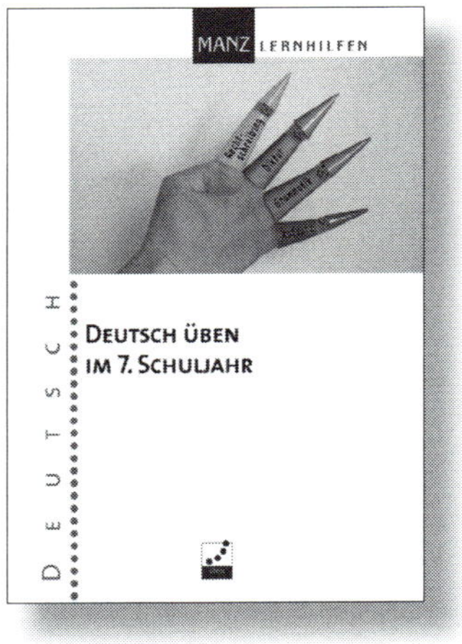

Unter www.manz-verlag.de finden Sie das komplette Manz Lernhilfen Programm